삶을 짓는
목수 이야기

46년, 거친 손으로 인생을 씁니다

삶을 짓는 목수 이야기

초판 1쇄 발행 _ 2019년 5월 30일
초판 2쇄 발행 _ 2019년 12월 5일

지은이 _ 유광복

펴낸곳 _ 바이북스
펴낸이 _ 윤옥초
책임 편집 _ 김태윤
책임 디자인 _ 이민영

ISBN _ 979-11-5877-101-0 03190

등록 _ 2005. 7. 12 | 제 313-2005-000148호

서울시 영등포구 선유로49길 23 아이에스비즈타워2차 1005호
편집 02)333-0812 | 마케팅 02)333-9918 | 팩스 02)333-9960
이메일 postmaster@bybooks.co.kr
홈페이지 www.bybooks.co.kr

46년, 거친 손으로 인생을 씁니다

삶을 짓는
목수 이야기

유광복 지음

바이북스
ByBooks

평생 남의 집만 지으며 살아온 목수다. 글을 쓰면서도 집을 짓는다는 마음으로 시작한다.

그동안 나무라는 내비게이션을 따라 걸어온 길이 어언 46년이 흘렀다. 어린 시절 곤궁한 삶을 거울 삼아 아직도 현업에서 긴장의 끈을 놓지 않고 내게 주어진 소명을 다하고 있다.

돌이켜보면 내 목수 인생에 숱한 시도와 시행착오가 있었다. 다행히 그 가운데 얻은 깨달음도 적지 않기에 몇몇 짧은 지식을 덧붙여 세상에 내놓는다.

목수란 한 세대 전에는 장가가기 힘든 외로운 직업이었다. 헌데 요즘은 세상이 많이 변해 목수 일에 관심을 갖는 분들이 많아졌다. 내 목수 이력과 경험도 반세기에 가까우니 그분들께 디딤돌 한 개는 될 거라고 믿는다.

기능장이 된다는 건 여러 경험 속에 자신을 수양하는 과정이라고 말할 수 있다. 나도 이 자리에 서 있기까지 크고 높은 벽을 허물고 넘어야 했다. 어떤 사람은 가난 때문에 잃은 것이 많다고 하지만 나에게는 가난이 가져다준 철학이 따로 있다. 피할 수 없는 상황이라 어쩔 수 없이 몸으로 부닥쳐야만 했지만 지긋지긋한 가난은 오히려 내 몸을 단단하게 다져주고 정신을 일깨워주었다.

예로부터 '돈은 좇지 말라'는 말이 있다. 많은 사람들이 돈을 좇아서 젊음도 기백도 탕진하며 살아간다. 세상의 이치를 풀어가는 데에는 순리가 있다. 그 어느 재벌도 태어나면서부터 돈 버는 방법을 배우지는 않았다. 또 어느 교육기관에서도 돈 버는 방법에 대해서는 가르쳐주지 않지만, 사람들은 자기만의 분야에서 혼신의 노력을 하다 보면 언젠가는 기회가 온다고 믿는다.

그런 날을 기다리며 오늘도 나의 소명을 위해 살아온 날들을 돌아보고 글을 쓴다. 그동안 나를 위해 투자해온 세월이 참으로 길기도 하더니 이제는 그 빛을 발하는 시기가 찾아왔다. 이 나이에 크리에이터가 되었으며, 한 분야에서 꾸준함으로 살아왔더니 세상 사람들이 관심을 갖는 직업군에 서 있게 된 것이다.

목수의 길을 밟기 시작한 때는 사회 인식도 낮고 내세울 만한 직업도 아니었지만 여태껏 후회를 한 적이 없다. 요즘과 같이 급변하는 세상 속에서 그래도 정년을 자기가 결정할 수 있는 직업이 과연 얼마나 있을까? 산업의 발달로 직업 사이클이 너무 짧아지는 현실에서 요즘 부모의 심정이라면, 내 자녀 직업이 평생 갈 수 있겠느냐는 걱정이 매우 중요한 문제가 되었다.

최근 들어 개성이 강한 부모들은 자녀에게 어려서부터 기술을 가르치려고 백방으로 알아본다고 한다. 어느 분야이든 경쟁은 치열하다. 목수가 된다는 것도 치열한 경쟁의 대상이 될 것이다. 하지만 남보다 먼저 시작한 목수는 그 자체로도 경쟁력이 큰 것이다. 최고가 되기보다도 자신만의 특화된 기술과 창의력을 갖춘다면 미래시대를 살아가는 데에도 풍요로운 삶을 보장받을 수 있다고 본다.

근래 들어 빅데이터에서 자주 소개되는 직업을 볼 수 있다. 그중 앞으로 사라지는 직업 중에서 목수를 본 적이 있는가? 제5차 산업혁명이 온다고 해도 목수라는 직업은 변함없이 그 자리를 지키고 있을 것이다.

1장

나는 최고의
목수다

1

46년이란 긴 세월

목수로 살아온 세월이 그렇게 길지 않은 것 같은데 46년이나 되었다. 그동안 나무 깎는 일과 교육을 하면서 나름대로 느낀 것이 많다. 돌이켜보면 숱한 세월을 살아오면서 쌓인 사연 많은 삶을 책 한 권에 온전히 담을 수 있을지 모르겠다.

내가 청소년직업학교에 입교했을 때는 열세 살이었다. 직업학교에서 선생님께 1년 남짓 받은 교육을 밑천으로 삼아 난곡동에서 어렵사리 서울 생활을 시작했다. 요즘 목수의 작업환경은 옛날과 달리 현대적인 기계시설이 잘 갖춰져 있어 작업하기도 편하고 쾌적하다. 그런데 가진 것이 없어서 열악하기 짝이 없는 수십 년 전에는 거의 모든 작업을 손으로 했다. 그래도 정감만큼은 지금과 비하면 더없이 따뜻하고 깊었으니 그때가 그리울 때가 많다.

청양청소년직업학교를 마치고 서울에서 처음으로 공장생활을 하던 때가 1974년쯤이었다. 요즘 기준으로는 시설이랄 것도 없는 허름한 곳에서 오직 수공구만으로 일하던 시절이라 더우면 더운 대로 추우면 추운 대로 작업 현장에 적응하며 살아야 했다. 내 나름 묵묵히 했던 일이 오늘 내 실력이 되었고, 사람들도 그것을 존중하고 알아봐주는 시대가 되었다.

손에 쥔 것도 배움도 내세울 것 없던 지난 시절이었다. 오로지 대한민국 수도 서울에 내 몸 하나 붙일 곳이 있다는 것만으로도 목수인 내 직업이 좋았고 천직이라고 믿었다. 열세 살, 아직 어린나이다. 고향에 계신 부모님을 생각하면서 서러운 감정이 북받쳐오를 때가 한두 번이 아니었지만 보고 싶은 사람들은 명절에나 만날 수 있었다. 아직 몸도 정신도 다 자라지 않은 열세 살짜리가 객지에서 가족과 떨어져 혼자 사는 게 어디 쉬운 일이었을까.

나는 처음 서울의 공장에 들어섰을 때부터 지금까지 아직 진행 중인 한 편의 소설 같다는 기분이 들 때가 있다. 공장생활 3년 만에 받은 첫 월급이 이천 원이었다. 그 돈을 받고 기쁨에 넘쳐 가슴이 얼마나 콩닥거렸던지, 지금에 와서는 그립기만 한 시절이다.

46년간 목수로 살면서 목수가 할 수 있는 일이란 해보지 않은 게 없다. 전통한옥과 짜맞춤, 목조주택, 인테리어 목공, 가구제작, 창호제작, 목공방운영, DIY, 그 외에도 나무로 깎고 만드는 것이라면 뭐든지 다 해봤으니 말이다. 목수는 도면만 손에 쥐고 있으면 마치 무에서 유를 창조하는 것처럼 뭐든지 짓고, 만들어낼 수 있다.

현대 목공에서 전통창호, 전통가구, 수많은 맞춤문짝, 맞춤가구 등을 제작하고 설치도 했다. 그렇게 갖가지 과정을 거치다 보니 나는 고객이 원하는 것이라면 어떤 형태로 만든 제품이라도 만들어낼 수 있게 되었다. 하긴 그 긴 세월에 나무로 하는 일이라면 뭔들 못해봤을 것이며, 어떤 것인들 만들어내지 못하겠는가.

어느 시기부터는 나를 끌어올리려고 투자를 아끼지 않았다. 그렇지 않았다면 지난 세월에 목수 일을 그저 몸으로 때우는 값싼 일로만 여기고 살았을지도 모른다. 투자는 새로운 일을 할 때마다 공부하는 것이었다. 여태 잘 버티고 일어선 것도 다양하게 디자인을 연구하면서 생긴 힘이다. 현장에서 일하다 보면 하루하루 먹고사는 것만 생각할 뿐 전문직업인으로 미래에 관심도 희망도 갖지 않는 사람들을 간혹 만나게 된다.

난곡동에서 공장생활을 하면서 알게 된 선배를 따라 노량진으로 이직을 하게 됐다. 노량진에 있는 목공소는 그래도 시설이 조금은 현대식이었다. 전동공구 시설도 있어서 힘든 일은 기계에 맡겨두고 생산성을 높이며 육체적인 노동도 덜게 하는 것이다. 여기서 하루가 다르게 실력이 성장해서 몇 년 지나지 않아 공장장으로 승진했다. 그때 난곡 목공소에서 닦고 쌓은 실력이 나중에 노량진으로 진출해서 본격적으로 활약할 수 있는 바탕이 되었다고 생각한다.

살기 힘들던 그 시절에는 국어사전에도 노임착취나 체불임금이란 단어조차 없었을 때다. 지금 시각으로는 이해하기 어렵지만 당시에는 그저 당연한 것이라 믿었다. 내가 기술을 익히는데 훈련할 장소와 재료를 제공해준 공간으로 생각하면 마음이 편했고 지금도 그런 마인드는 변함이 없다. 그러니 지금도 그때의 사장님을 원망하는 마음이 없다.

요즘도 필요한 학습이 있으면 언제 어디라도 찾아간다. 옻칠을 알아야 할 것 같으면 전라도 익산, 전통창호 정보가 필요하면 대구, 이런 식이다. 3D 디자인공부를 하려니 대학생, 대학원생들과 함께하는 것이라 처음에는 어려웠다. 노력도, 경제적인 비용도 학생들보다 훨씬 더 치러야 했지만 어느덧 그들과도 맞춰가게 되었다.

목수로서 한창 실력이 오른 노량진목공소에서 공장장으로 있던 시절에는 월급도 꽤 많았다. 그때부터는 나 자신을 위해서 투자하기 시작할 수 있었다. 그때부터 자격증에도 관심을 갖고 준비했다. 기능대회에 관한 정보도 찾아보고, 시험 정보도 얻던 검정공단(현 산업인력공단. 울산 이전)이 마포구 공덕동오거리에 있었다. 이때는 휴대폰도, 인터넷도 없던 시절이라 발로 뛰고 찾아가야만 모든 것을 구할 수 있는 시기였다.

자격증 시험은 응시하는 대로 만족할 정도로 거뜬히 자격증을 취득했다. 이때는 자격증을 과거의 병역수첩처럼 수기로 기록해 발급해주었는데 지금도 추억 어린 자격증을 보관하고 있다. 이렇게 하나하나 취득한 자격증은 내가 당당하게 살아온 또 하나의 징표라고 사람들 앞에 자신 있게 말한다.

인테리어 목공을 거론할 때는 어디 출신인가를 묻는다. 즉, '창호냐? 가구냐?'를 따지는 거다. 단연코 창호 출신이 실력과 경험이 더 우위라고 할 수 있다. 왜냐하면 가구 출신들은 현장경험이 없기 때문에 처음

발을 들여놓으면 새로운 환경이라 적응하는 데 시간이 상당히 걸린다.

창호 작업자는 하다못해 신발장을 실측해 제작 설치하는 과정조차도 최소한 두 번 정도 현장을 방문해야 한다. 현장과 공장도 창호(건구/建具, 다테구) 출신들은 두루 경험하고 종종 겸해서 하는 경우도 있다. 이렇듯 창호 출신이 현장에서 우위에 서는 이유는 여러 가지가 더 있다. 창호는 가구와 달리 반복적인 작업이 아니라 각자가 다른 맞춤형 일을 하는 경우가 많기 때문이다. 다양한 문짝을 제작하려면 장비의 활용기법도 더 난이도가 높아야 하고 기술의 깊이도 만만치 않아서 차이가 나게 된다. 그렇게 다듬어진 실력이 현장에서 먹히는 것은 당연한 이치이다.

한때는 체인점 사업 인테리어 공사에도 동참했었다. 이때도 업무를 추진하는 데 내 안에 있는 기술을 최대한 발휘했다. 전국 각지를 돌면서 현장실측에서부터 도면작업 그리고 현장관리 등을 도맡아가면서 바쁘게 활동하던 때가 있었다. 캐드를 배운 지가 20년을 넘어섰고 현장에 필요한 샵드로잉을 주로 활용하는 것만으로도 캐드의 진가를 충분히 활용했다. 캐드는 나에게 무기와도 같았다. 현장에서 못 주머니 차고 있는 사람 중에 누구도 비교할 수 없는 무기가 바로 실력이었다. 그때 실력을 지금도 교육에도 활용하고 있지만 현장의 목수가 실측해 도면을 마음대로 모델링한다는 것은 현시대에서도 앞서가는 모양새이었다.

그 이후 리모델링 현장을 여러 곳 진행하면서 최신의 장비와 노하우를 총동원해 고객의 요구에 능동적으로 맞춰갔다. 현장에서의 일처리

능력은 별것이 아니라고 본다. 고객의 요구에 불편함이 없도록 최선을 다하고, 공기에 맞춰서 생활하는 데 편리하게 시공하면 임무는 완수되는 것이다. 현장에서는 목소리를 높이기보다는 팔을 걷어붙이면 현장은 조용하고 별 탈 없이 공사도 매끄럽게 진행이 된다.

전원주택 공사현장을 도느라 전국투어를 했다. 아래로는 포항에서부터 평창에 이르기까지 전국의 전원주택 요지를 돌아다니면서 신축현장을 진행했다. 가장 자주 갔었던 현장은 주로 서울 인근의 양평 지역이다. 여러 채의 전원주택을 시공하면서 많은 사람과 인연도 생겼다. 소재는 주로 단열성이 뛰어난 A.L.C블록이라는 경량조적 주택이었다. 벽체는 A.L.C블록이고, 지붕은 목조주택의 형태, 그리고 기초는 콘크리트 구조를 기본으로 하며, 내부 인테리어 공사까지 전체를 진행하면서 전국투어를 했다.

전원주택은 한 채 짓는 동안에 목수 팀이 3개 분야가 투입된다. 기초의 형틀공사, 지붕마감을 위해 목조팀, 그리고 내부공사는 인테리어 목공이 투입이 되어야만 한 채의 집이 완성되는 것이다. 이런 작업을 나와 함께하는 팀원들이 처음부터 마감까지 참여하면서 각 지역의 현장을 로테이션으로 진행했다.

전원주택 공사가 한가한 시기에 때마침 서울의 삼육대학교 부설사회교육원 프로그램 중 한옥학교 과정에서 전통한옥에 관한 수업을 맡게 되었다. 전공은 소목이었고, 전통창호와 전통가구에 관한 수업을 했다. 전통창호는 공장생활하면서 무던히도 짜왔던지라 흔쾌히 하기로 계약을 하고 3년여의 수업을 했다.

지금 운영하고 있는 기술학원에 오기까지의 과정이 목수생활 46년이란 세월이 흘렀다. 지금까지 걸어온 세월을 되돌아보면 정작 나 자신은 그렇게 길었다고는 느끼지 못한다. 앞으로도 십 년 이상을 목수로 살아가야 하는데 힘들다, 어렵다, 고생스럽다고는 생각도 하지 않고, 남은 인생을 목수로 사는 것 자체로 복 받은 사람이라고 생각하며 살아갈 것이다.

2

나는 순수한 야전 출신이다

현재 우리나라 목공계의 현실을 돌아보면 주축이 대부분 한국폴리텍대학의 교수이거나 예전의 정수직업훈련원 출신이다. 그 밖에 기술교육원 출신이 자리 잡고 있지만 내가 걸어온 길에 대해선 현재는 거의 아는 사람이 없다. 그야말로 순수하게 현장에서 출발한 야전 출신이기 때문이다. 야전 출신은 현장에서 떠돌다가 어느 날 신분이 상승(자격증이나 학위로)하게 되어 현장일과 기능경기대회, 민간대회, 전국기능경기대회 등 국내에서 진행되는 각종 대회에 참관하고 심사위원으로 활동하며 대회준비와 과제출제 등의 일을 하면서 목공계를 위해서 봉사활동도 한다. 후학을 위한 강연이나 실업계고등학교에서 실기지도로 기술전수를 하는 것도 업무 중의 하나다. 내가 강의를 다녔던 곳은 건축과 고등학교 두 곳과 인천인력개발센터다. 강서구에 한 곳, 광명시의 또 한 곳 등을 다니면서 산업체우수 강사로서 활동을 했다.

그런데 출신을 묻는 선생님들이 계신다. 어디서 어떻게 기술을 연마해 기능장이 되었는지를 묻는 거다. 서울 지역이나 인근의 지역에 여러 곳의 기술교육관련 시설이 많기도 하다. 하지만 내가 수료한 청양청소년직업학교에 대해서는 아는 바가 전혀 없다. 그러니 그런 기관에 대해 얘기한들 알아주지도 않기 때문에 굳이 해명하기도 어려워 아예 현장에서 다년간 일해온 사람이라고 인사할 때가 많다.

현장전문가의 업무는 중요한 특징이 있다. 현장에서만 접할 수 있는 기술은 책이나 인터넷에서는 찾아보기가 어렵다. 오로지 숱한 시행착오와 반복적으로 경험해 몸에 담고 있기 때문에 개인마다의 기술이 다르다고 할 수 있다. 현재 국내의 목수로 활동하는 분야는 전통한옥과 현대 목공 그리고 취미 목공 등으로 다양한 목수들이 현업에서 일하고 있다. 하지만 같은 목공계에서 일하면서도 다른 분야라고 서로 비하 발언도 하고 자신의 분야가 최고라고 주장하는 사람들이 있다. 누구나 직업으로서 본인이 가지고 있는 기술로 각자의 삶을 살아가고 있기 때문에 이런 태도는 달라져야 한다.

형틀거푸집목공의 경우 목수분야에서도 가장 열악한 근무환경과 항상 위험에 노출된 상태에서 일을 하면서도 무시당하는 편이다. 이분들이야말로 대우를 제대로 해주어야 한다고 본다. 게다가 임금부분에서도 가장 낮은 임금으로 책정이 되어 있는 관계로 더더욱 무시당하는 처지에 있다. 게다가 일 년 중 현장에서 일을 할 수 있는 날짜로 봐도 매우 불리한 점을 간과해서는 안 된다. 때로는 아침 일찍 출근을 했다가도 우천으로 인해 작업이 중단되는 경우도 연중 여러 날이 되기도 한다. 여름은 장마철이라서 쉬게 되고 겨울철에는 동절 기간 영하의 날씨에 레미콘콘크리트 타설이 제한적이라서 공사가 중단되는 기간이 되므로 또 쉬어야만 하는 그런 상황이 악순환처럼 해마다 이어지고 있다. 더구나 형틀 목공인들은 조직도 없고 함께 행동할 수 있는 단체마저도 없다.

그분들의 현실이 얼마나 어려운지 그 속사정은 그 분야에서 몸담고 일해본 사람만이 안다. 노임이 적게 책정이 되었다고 해서 그 사람들의 신분도 바닥이 되는 것은 아니다. 궁궐을 짓는 도편수나 목조주택에 참여하는 빌더, 그리고 인테리어내장 목공, 가구제작을 하는 공방의 목수 등 다양한 직종에서 많은 목수들이 오늘도 맡은 임무를 다하면서 살아가고 있다.

내가 형틀 목수로 수 년간 일을 하면서 그들이 얼마나 많은 어려움을 안고 있는지 알게 되었다. 서두에서도 언급했듯이 봄철에 일해서 여름을 나고, 가을에 일해 동절기를 지내는 어려운 상황이 다람쥐 쳇바퀴처럼 반복하다 보니 미래를 위한 계획은 엄두도 못 낸다. 그렇다고 특별한 기술이 있어서 장마철과 동절기에 다른 분야에 참여해 경제활동을 할 수 있는 형편도 아니다. 그저 손 놓고 하늘만 원망하는 배고픈 삶을 살아가고 있는 것이다.

하루 중 일하는 시간대를 봐도 차이가 많다. 형틀 목수는 아침 7시부터 작업이 시작되며 마치는 시간은 해가 짧은 늦가을과 초겨울에는 못대가리가 안 보일 때까지 일을 한다. 노후를 위해 저축을 하거나 미래 설계에 대한 생각을 할 겨를이 없다는 것이 문제다.

내가 직접 건설현장에 참여하면서 현대적인 시공방법을 여러 가지

나로선 이 모든 과정은 현장생활에서 치른 수행이다.

수행이란 오랜 세월 몸담은 분야에서 혼신을 다한 사람이라면

이룰 수 있는 것이지 반드시 깊은 산속에서

도를 닦아서 얻는 것만은 아니지 않는가.

활용을 했다. 거푸집의 세팅 과정을 샵드로잉을 통해 실현했고, 생산성을 높이려고 골조의 전체 형태를 3D의 형태로 모델링해 해당 현장의 참여 인원들이 공유하는 방법도 활용했다. 특히 계단부분은 설계사무소에서도 인지 못하는 부분들을 짚어내고 조율해 시공에 반영하는 등 다양한 방법을 접목하고 시도했다. 이런 변화는 현장에서 품질관리 차원에서도 많은 이점이 생긴다. 체계적인 작업과 안전에 미치는 영향도 중요하기 때문이다. 이러한 노하우가 전원주택 공사에서 또 한 번 활용되는 계기가 되었다.

전국에서 경관 좋고 교통의 접근성이 좋은 곳은 거의 다 전원주택 택지로 자리 잡고 있다. 서울에서 가까운 양평 지역과 용인, 고양시, 양주, 남양주 등이 그렇다. 서울 인근의 위성도시와 멀리 평창, 포항 지역까지 각 지방의 전원주택 공사를 하면서 기초 공사에 '원피스파운데이션'이라는 공법을 창안해 시공에 접목했다. 즉, 기초공사를 하려면 콘크리트를 최소한 2~3차례로 나누어 타설하게 된다. 그런데 새 시공 방법은 타설을 한 번에 마쳐 공기단축과 시공비 절감은 물론 건축에서 중요 부분인 기초공사의 품질을 끌어올리는 역할을 한다.

내가 골조공사를 도급받아서 진행하던 때에는 30여 명의 형틀 목수 인원이 함께 참여해주었다. 그중에서도 반장이 5명 정도 되었고 경력으로는 30~40년 경력의 고령자도 있었다. 반장 중에는 대졸 출신의 젊은 반장도 있었고, 고령자는 나름대로 경험에 의한 노하우가 있고, 젊은 팀들은 패기와 추진력이 남달랐다. 나름의 장점을 가지고 적재적소에서 맡은 바 임무를 성실히 수행해주었다. 지금은 서로 다른 길을 가느라 모두 헤어진 상태이지만 사적인 일로 통화를 하곤 한다.

형틀 목공에 대한 인식도 바뀌었으면 하는 바람이 있다. 흔히들 "형틀 목수가 목수라고 할 게 있나"라고 폄하하는 경향도 있다. 이런 것들은 고쳐야 한다. 그 사람들은 외로운 사람들이다. 육체노동 강도도 훨씬 더 큰데 그들의 실력과 기술적인 내용도 모르면서 사회적 인식은 막노동꾼 정도로 알고 있다는 것이 더 문제다.

형틀 목공과 인테리어 목공은 연수입도 다르다. 인테리어 목공은 하루당 책정된 임금에서도 앞선다. 게다가 사시사철 부지런히 활동만하면 얼마든지 일할 수 있는 조건들이 널려 있다. 내 상식적인 계산으로는 연수입을 보면 절반 가까이 차이가 난다. 일당에서 단가가 높은 인테리어 쪽이 연평균 근무일수도 더 많으니 형틀 목공은 고생하는 것에 비해 여러 면에서 안타까운 형편이다.

목공계에서 나는 위의 모든 분야는 물론이고 형틀 목공까지 했으니 말하자면 그랜드슬램을 이룬 셈이다. 그러면 이것저것 다 섭렵했다니 전문성은 부족하지 않겠느냐고 여길 사람도 있을지 모르겠지만 오히려 그 반대다. 어떤 성격의 현장에서도 전문서적을 탐독하고 연구하기를 게을리하지 않았고 많은 세미나와 워크숍을 통해 정보를 교환하고 쌓아왔다.

내 나름대로 쌓은 것이지만 나의 이런 경험과 깊이는 허투루 책 몇권이나 인터넷으로 얻을 수 있는 정도와는 아주 다를 수밖에 없다. 그러니 너무 지나친 단언이고 자화자찬이라고 할지도 모르지만 늘 완벽을 추구해왔기에 적어도 목수로서는 어느 분야가 되었든 나의 전문성을 믿어 의심치 않는다.

나로선 이 모든 과정은 현장생활에서 치른 수행이다. 수행이란 오랜 세월 몸담은 분야에서 혼신을 다한 사람이라면 이룰 수 있는 것이지 반드시 깊은 산속에서 도를 닦아서 얻는 것만은 아니지 않는가.

사람은 살아가는 동안에 많은 제품을 구입한다. 제품에 동봉된 매뉴얼은 눈으로 볼 수 있는 것이지만 목공 작업 현장에 관한 매뉴얼은 형태가 없다. 현장과 실무의 상황을 이해하는 그 매뉴얼은 오로지 경험자의 머릿속에 존재하고 있을 뿐이다. 수십 년 동안 겪은 시행착오도 공개해 세상에 이롭게 쓰게 하는 사람이 옳게 살아가는 사람이라고 생각한다.

나는 알고 있는 기술과 지식을 본인만 위해 쓴다면 애국자가 아니라고 본다. 머릿속의 매뉴얼을 꺼내어 많은 사람이 함께 공유하게 한다면 내 인생의 의미도 더 커지지 않겠는가.

이번에 책을 쓰면서 마음먹기를 그동안 야전 출신의 현장전문가로서 초보목수들이 목수로서 살아가는 데 필요한 형틀 목공, 인테리어, 가구, 전통짜맞춤, D.I.Y, 취미 목공에 이르기까지 내가 갖고 있는 경험과 노하우를 집필하기로 했다.

3

후학을 양성하다

　내 기술을 남에게 전수한다는 것 정말로 흥미롭고 늘 기대가 되는 일이다. 사회적으로도 그렇게 해야 국가의 기술력도 축적이 된다고 본다. 국가의 제도에는 크나큰 타이틀을 주어 도제식으로 기술을 전수하도록 해 누구누구의 이수자, 전수자라는 호칭만으로도 활동영역을 넓혀가는 세상이 되었다.

　4차 산업혁명을 거론하는 첨단시대에 무슨 얘기인지 의아해하는 이도 있을 것이다. 개인이나 단체가 중요무형문화재로 지정되어 국가로부터 인증서를 수여받는 것이 있다. 중요무형문화재 보유자는 살아생전에 국가로부터 일정한 비용을 받게 되며 보유자와 보유 단체는 발표공연, 제작지원, 전수교육과 기타 행사비용 등의 지급과 보호를 받는다. 이것은 사람에 의해서 이루어지는 것이므로 후계자를 양성하는 전수교육이 반드시 필요하다. 무형 문화재는 우리 민족의 귀중한 전통

문화로서 그 가치는 돈으로 매길 수 없이 중요하며, 국가의 적극적인 지원은 물론이고 우리 국민들도 관심을 갖고 계승 발전시켜야 할 대상이다.

무형문화재는 인류의 정신적인 창조와 보존해야 할 음악, 무용, 연극, 공예기술 및 놀이 등과 같이 물질적으로 정지시켜 보존할 수 없는 문화재 전반을 가리킨다. 이에 대한 문화재 지정은 형태가 없는 기능 또는 예능이기 때문에 이를 보유한 자연인이 그 대상이 된다.

나는 아직 무형문화재는 아니지만 교육청에 기술학원으로 등록을 하고 공식적으로 교육을 할 수 있는 권한은 있다. 현재는 공예부분과 건축시공 분야를 교육할 수 있어서 전통 목공과 현대 건축에 필요한 인테리어 목공건축목공 교육을 진행하고 있다. 현재 학원의 기관장으로서 직업훈련교사 자격증을 5개 보유하고 있으며, 기타 교육에 필요한 자격증도 다수 보유하고 있다.

교육하는 데 자격증이 모든 것을 대변하는 것은 아니다. 하지만 탄탄한 이론과 현장에서 수십 년 동안 견고히 다져온 실무능력으로 무장한 교육을 펼친다면 피교육생에게 얼마나 큰 도움이 될지는 더 말할 나위가 없으리라.

요즘은 다양한 계층 사람들이 목공에 관심을 갖고 있다. 취미로 목공하거나 노후대비가 목적이기도 하다. 간혹 셀프인테리어를 하려는 사람도 있고 여성들도 현장에서 직접 일을 하려고 찾아오기도 한다. 그런가 하면 때로는 "학업보다도 기술이 먼저다"라고 생각해서 중고등학교 학생이 부모님과 상담하러 오기도 한다. 아무래도 현대 사회구조가 급속도로 빠르게 돌아가다 보니 직업의 사이클이 너무 짧아지면서 미래를 위한 장기적인 직업이 무엇인지 고민하다가 목공이라는 직업에 관심 갖게 된 것이다.

다양한 직업군에서 이직하기 위해 인테리어 목공을 배우려고 온다. 금융권, 공무원, 연극인, 화가, 영화인, 스포츠강사, 이미용, 디자이너 등 정말 다양한 직업을 가진 사람들이 제2의 인생설계로 사회에 다시 진출할 방법을 찾고 싶어서다.

요즘은 누구나 한 분야에서 10년이란 세월 동안 근무기록이나 경험을 가졌다면 전문가라는 호칭으로 통한다. 하지만 목공분야는 별로 해당되지 않는다. 목공의 특성상 단기간에 습득할 수 있는 기술이 많지가 않기 때문이다. 단순작업인 D.I.Y목공 정도라면 10년 안에도 베테랑이 될 수 있다. 취미 목공과도 같은 D.I.Y목공은 그 깊이에 한계가 있어서 몇 년 정도면 그 분야에서는 전문가라는 칭호를 붙여도 어색하지 않다.

전통 목공이나 인테리어 목공 분야는 차원이 다르다. 작업의 난이도가 높고 범위도 넓기 때문에 단기간에 섭렵하기에는 무리가 따른다. 현재 무형문화재로 등재되신 분까지도 아직 배울 것이 많아서 공부를 한다고 말한다. 그분들은 40~50년 이상을 평생 동안 연구하고 오로지 그 길로 한 우물을 파면서 살아오셨다. 내 주변에도 무형문화재에 등재되신 분들이 여러 분 계신다. 대목장, 소목장, 와장, 석장, 명장 등의 국가로부터 명예로운 훈장을 수여 받은 경우이다. 이분들을 개인의 사업장을 활용해 전수관을 운영하기도 하고 문화재청 관련 보수공사에 참여도 하며 후학을 위해 현장참여 교육도 진행한다.

교육의 결과는 그 과목에 대한 진정성에 크게 좌우한다. 전통한옥은 시공법과 수리보수 그리고 유지관리에 이르기까지 유기적으로 통합된 지식을 갖고 교육해야 한다. 이러한 정보와 지식은 문화재기능인협회의 정기적인 교육과 각종 세미나와 학술회에 참여해 정보를 습득할 수 있다. 실습을 통해 보여주는 것도 매우 중요한데 어떻게 보여줄 것인가? 선조들의 지혜가 담긴 전통기법을 전수하는 과정은 현대적인 장비보다는 수공구를 활용한 기법을 전수한다.

목공에는 부가적으로 컴퓨터를 이용한 디자인도 필요하다. 컴퓨터를 이용한 모델링을 많이 쓰게 되는데 나는 거의 모두 독학으로 배운 것들이 많다. 예전에는 컴퓨터학원은 흔치 않았고 작업 현장은 흩어져 있는데다 불규칙적으로 옮겨 다니는 직업이고 보니 일반 직장인들처럼 학원에 다니기가 어려웠다. 그러니 어쩔 수 없이 독학으로 컴퓨터 관련 여러 디자인 프로그램을 익혀야만 했다.

독학하는 사람들은 본인이 스승이다. 목공과 컴퓨터의 접목에 자신만의 특성을 잘 살리면 업무 능력과 작품 활동에 훨씬 남다른 효과를 낼 수 있다. 근래 들어선 컴퓨터를 활용한 기법이 대중화되어 CNC라우터, CNC가공, 레이저Laser 가공기술이 널리 확산되었다. 이런 가공 기술은 반복적인 작업과 수량이 많은 제품을 외주화해 생산성을 극대화하는 차원에서 널리 활용된다.

지금까지 걸어온 길이 모두 하나하나의 점으로 이루어서 일구어낸 결과물이다. 나무에 오를 때 가지를 잡고 마디마디 잡으며 올라가듯이 차근차근 밟고서 올라온 길이 벌써 46년이란 세월이 흘렀다. 이제는 그 오랜 현장경험을 교육 현장에서 적극적으로 활용하고 있다.

기술은 전수한다는 것 자체가 자기 공부다. 나 자신이 명확히 알고 있어야 그 기술의 쓰임새에 적절하게 활용할 수 있기 때문이다. 기술적인 내용을 잘 가르치기 위해 본인이 작품을 미리 제작하는 방법과 복잡한 구조물은 현치도를 그려서 사전에 준비하는 자세도 수업 성과를 극대화할 수 있다.

현재 우리학원에서 9종목의 국가기술자격증교육을 교육하고 있다. 건축목재시공기능장, 건축목공산업기사, 건축목공기능사, 거푸집기능사, 가구제작기능사, 목공예기능사, 건축도장기능사, 비계기능사, 문화재수리기능자소목수 등의 9개 종목을 지도하고 있다. 현재 교육 가능한 종목은 나 자신이 보유하고 획득한 자격증의 종류 전부다. 이것을 진행하기 위해서는 현업에서 경험도 중요하며 위의 자격증들이 건설업계에서 어떻게 활용이 되고 있는지에 대해서도 잘 알아두면 도움이 된다.

최근에는 인테리어, 리모델링, 신축현장에서도 현장대리인을 지정하는데 국가기술자격을 취득한 기능인을 현장관리인으로 지목해 현장 시초부터 사용승인을 받을 때까지 행정적인 역할을 맡긴다. 나는 한국건설기술인협회 회원으로 등급은 특급을 보유하고 있는데, 협회에서 인정을 받으려면 전공학과+관련자격증+경력(건축공학사+건축목재시공기능장+20년)을 충족시켜야 하며 3개 항목을 합산해 80점 이상의 점수를 취득해야 한다. 거기에 소정의 건설산업안전교육을 이수해야 특급에 올라갈 수 있다.

내가 갖고 있는 기술은 원천기술이다. 몸속에 있는 모든 기술이 나만이 갖고 있는 자산이라고 봐도 과언이 아니다. 가수는 목소리로 자신만의 콘텐츠를 만들어 대중적으로 보급하고, 글을 쓰는 소설가나 작가는 자신만의 언어를 직업으로 살아간다. 우리처럼 기술을 가진 사람도 손에서 나오는 모든 것들이 콘텐츠가 되는 시대가 되었다. 이 기술을 콘텐츠로 만들어 교육에 커리큘럼으로 활용을 하려면 포장기술이 더해져야 한다.

그동안 준비해놓은 교육용 디자인 작품도 특허청에 20여 건 출원을 해 현재 등록증을 받아놓았다. 전통짜맞춤과 현대 목공에 관련된 아이템이 대부분이다. 이런 기술을 잘 다듬고 포장해 후학을 위해 활용하고 있다. 발 빠르게 돌아가는 현대 사회에서 목공이란 기술이 아직도 자리를 잡고 있다는 것은 바로 원천적인 기술이기 때문이다. 첨단기술이 발전을 하면 할수록 사람의 손이 아니면 불가능한 작업의 가치는 더 올라갈 것이라고 믿는다.

4

나무에서 배운 삶을 가르치다

목수로 살아오면서 전국을 돌면서 숱한 나무를 잘라서 집을 짓고 가구도 만들고 창호도 제작하며 다양한 수종의 목재와 소통했다. 산에 있는 나무를 잘라내고 켜서 목수의 손에 오기까지는 많은 절차와 경로가 있기 마련이다. 나 역시도 국내의 소나무와 특수목 그리고 수입목에 이르기까지 많은 수종을 가공하고 작품으로도 남겼다.

국내산 원목은 늦가을부터 초겨울 사이에 벌목해 재목으로 쓸 것을 가려내 제재소로 옮긴다. 수령이 200~400년이 넘도록 오랜 세월 동안 목수를 만나기 위해 기다려온 나무들이다. 이 나무가 재목으로서 필요한 치수로 가공되고, 소비자 즉 목수의 손에 들어오기까지는 숱한 세월을 기다려온 것이다.

우리는 나무로부터 삶을 배운다. 수백 년을 살다가 목수 손의 쓰임새에 따라서 자리매김이 되는데 목수가 그 나무에 연장을 대는 것으로 시작한다. 이때 목수는 연장을 대기 전에 의식으로 절을 하기도 한다. 궁궐을 짓는 목수는 이런 재목 여러 개를 모아 구조체를 형성해 하나의 덩치 크고 웅장한 집을 만드는 것이다. 인간이 살아야 백 년을 살까 말까 한 현실에서 만고의 세월을 버텨온 큰 나무 앞에서는 숙연해질 수밖에 없다.

　보잘것없는 인간이 감히 나무의 숭고함에 허튼 행동을 할 수 있으랴. 여기에는 하나의 배려와 의식이 필요하다. 그리하여 수백 살이 넘는 큰 나무 앞에서 생명의 숭고함을 겸허하게 예를 표하고 목적에 맞게 치목을 하는 것이다. 나무는 우리의 인생에 많은 교훈을 주고 힘이 넘치는 메시지를 주고 있다.

　나무는 기다림이다.
　나무는 우직함이다.
　나무는 인내심이다.
　나무는 포용력이다.
　나무는 동반자이다.
　나무는 배려심이다.
　나무는 풍족함이다.
　나무는 자연인이다.

　우리는 현대사회를 살아가면서 자연이 어떤 메시지를 주고 있는지를 잘 알고 있다. 도시에서 찌들고 각박한 생활을 하다가도 자연으로 돌아가면 모든 스트레스가 풀리는 것도 나무들이 있기 때문이다. 나무가 살아가는 길과 인생이 거쳐온 길을 비교해봐도 안다. 그래서 나무는 우리에게 강한 메시지를 던져주고 있다.

목재의 모양새를 보면 형형색색의 독특한 문양을 가지고 있는데 세상 어떤 나무도 그 문양이 똑같지 않다. 마치 사람의 지문처럼 오직 그 재목만의 문양이 있으니 나무도 자기만의 얼굴이 있는 거다. 수백 년 동안 인고의 세월을 살아오면서 모진 비바람에도 굴하지 않고 꿋꿋하게 서서 세상을 바라보았을 것이다.

사람들도 지역 특색에 따라 어울려 살면서 각 지방의 사투리가 생겼듯이, 나무도 좋아하는 토질과 환경에 따라서 부대끼고 어울려 사는 생김이 다르다. 나무는 푸르른 녹음으로, 맑은 공기로, 시원한 그늘로 사람을 행복하게 하며 생명이 다하고서도 자신의 몸체를 맡기지만 사람은 나무가, 자연이 건네준 그저 당연한 선물인 줄로만 안다.

오늘날 실생활에서 만나는 수많은 문명의 제품들이 나무가 헌신적으로 베풀어준 부산물로 이루어져 있지만, 정작 그 고마움을 모르고 그저 당연한 것으로 알고 살아간다. 그 혜택은 꼭 인간에게만 주어지는 것이 아니다. 지구상에 존재하는 동물들에게도 사는 터전을 주고 있으니 이런 나무에게서 우리는 무엇을 배워야 하나. 도무지 요구란 게 없으니 그저 자연의 법칙이요, 당연한 이치라고만 여기고 마는 건 아닌가.

나무가 인간의 삶에 어떤 존재인지 처지가 다른 나라에 가보면 새삼스럽게 인식하게 된다. 나무가 듬성듬성한 광야, 벌거숭이 돌산 같은 곳을 보면 얼마나 느낌이 다른지, 우리나라가 얼마나 아름다운 산으로 좋은 환경을 누리고 있는지 깨닫게 된다. 나무란, 숲이란, 산이란 세상 어디에서도 가장 보편적인 아름다움의 극치다.

우리나라는 계절적인 영향으로 침엽수와 활엽수가 각 지역마다 다르게 분포되어 있다. 강원 산간 지역에는 침엽수과인 소나무, 잣나무, 전나무, 낙엽송 등이 많고 남부지방으로 갈수록 활엽수계의 나무들이 분포되어 있다. 그렇다고 북측지역과 남측지역으로 침엽수와 활엽수가 양분되어 있는 것은 아니다.

산간 지역에는 소나무가 주류를 이룬다. 우리나라의 소나무 주변을 보면 다른 식물들이 서식하는 모습을 보기가 힘들다. 그것은 소나무만이 갖고 있는 특성이 있기 때문이다. 소나무는 뿌리에서 화학물질을 분비해 잡초나 다른 식물들이 자라지 못하게 한다. 이런 것을 상호대립억제작용이라고 하는데, 활엽수계의 나무들은 이런 기능이 약해 활엽수 주변에는 온갖 식물들이 어우러져 있는 것을 볼 수 있다.

우리나라 소나무의 잎은 두 개의 침 모양으로 구성이 되어있다. 잣나무는 침이 다섯 개이다. 중간에 잎이 세 개인 것도 있는데 이것이 바로 리키다소나무이다. 예전 우리나라에 솔잎혹파리충의 피해를 입었을 때 면역성이 강하다 해서 원산지인 미국에서 들여온 소나무라고 한다. 소나무와 잣나무는 침엽수이면서도 번식의 방법은 조금 다르다. 솔잎이야 민들레처럼 바람에 의해 솔잎이 날려서 뿌려지면 되지만, 잣나무는 잣의 알갱이가 있어서 다람쥐나 청솔모 등이 겨우살이 먹잇감으로 타 지역으로 이동을 해 번식을 도와준다.

나무마다 특징이 있다. 오동나무는 과거에 딸을 출산하면 앞뜰에 심어 딸이 시집갈 때 혼수용으로 장롱을 만들어서 시집을 보낸다는 뜻을 담아서 혼례목이라고도 불렀다. 회화나무는 특별히 다른 명칭과 의미를 가지고 있다. 아들을 출산하게 되면 서원이나 정원에 회화나무를 심어서 집안에 벼슬을 기원하는 의미를 가지고 있어서 길상목이라고도 했으며, 학자목이란 명칭으로 불리기도 했다. 회화나무 세 그루만 있으면 대길할 일만 생긴다고 할 정도였으며, 농민들은 회화나무의 꽃이 필 때 위에서 먼저 피면 풍년을 의미했고, 아래쪽에서부터 피면 흉년을 알리는 신호로 받아들여 신목이라고도 했다. 회화나무의 꽃잎, 줄기, 껍질, 뿌리 등은 한약재로서도 효능이 탁월해《동의보감》에 등장할 정도로 명성이 높은 나무이다.

그 외에도 나무들이 우리에게 전해주는 내용이 많다. 요즘은 발달속도가 빨라지는 반면에 옛것에 대한 향수를 찾는 사람이 많이 늘고 있다. 그래서 나무로 만들어진 가구와 소품들이 인기를 누리고 갈수록 그 대접이 올라갈 것이다. 호두나무는 그 특징이 나무 속살이 무척 아름다워 가구로서 가치가 대단히 높다. 배나무, 감나무도 가구나 소품을 만드는 데 좋은 재목이지만 호두나무는 목질이 진하고 묵직한 느낌의 고급가구를 만들 때 쓴다.

우리 인간도 나무처럼 자연을 거스르지 않고 순리대로 살아야만 백년대계를 바라볼 수 있을 것이다. 이렇듯 나무로부터 받은 기운을 되살려서, 나무가 벌목이 되고 제재가 되어 우리 앞에 목재라는 선물로 다가온 듯이 제2의 생명력을 불어넣기 위해 더 많이 공부하고 연마해야 되겠다.

5

기능대회에서 금메달을 따다

대전에서 치른 제16회 전국대회에서 만나 지금까지 인연을 맺어온 사회친구들 중에는 다양한 직종을 대표할 만한 인사도 여럿 있다. 이름을 들자면 김○○, 윤 교수, 이 대표, 박 이사 등이 이때 잘 나가던 인물들이었다. 사실 전국대회에서 나는 장려상에 그쳤지만 다른 친구들은 국제대회에서 좋은 성과를 올려 지금은 그 덕에 사업적으로 많은 성과를 올리고 있다.

그런데 그 시절에는 목공관련 직종이 빛을 보지 못하던 시대였다. 인기 없는 직종이었으며 목공, 목재창호실내장식라는 직종은 모르는 사람도 많을 정도로 대회에서 두각을 나타내기가 어려운 때였다. 지금은 많은 사람들이 관심을 갖는 과목으로 남녀 할 것 없이 취미로도 각광을 받는 종목이기도 하다. 그 당시 시계수리직종으로 출전했던 김○○은 그때 가장 잘 나가던 친구다. 서울 한복판 롯데백화점에서도 오메가, 롤렉스 시계 수리 센터의 기술자로 취업해 정장에 넥타이를 매고 어깨에 힘을 주고 다녔던 친구가 바로 김○○이라는 친구이다. 지금은 상황이 안 좋아서 지방에서 다른 일로 생활을 하고 있지만 그때만 해도 별과 같은 존재감을 한껏 내세우며 잘 나가던 친구 중 한 명이다.

그 외에도 미술도장, 광고, 소파, 미용, 이용, 양복, 양장, 석공예, 목공예, 귀금속공예 등 다양한 직종의 사람들과 전국대회에서 입상자로 활동을 하게 되었다. 35년이란 세월이 흐른 지금도 사회 친구로서 어려운 일이 있으면 서로 연락도 하면서 지내는 사이다.

요즘엔 문화재기능인협회에서 활동을 하다 보면 오래전 연락이 드물게 된 사람과도 만나는 기회가 되기도 한다. 얼마 전에 경복궁에서 만난 이는 다름 아닌 석공예 분야의 김○○이다. 전국대회에서 금메달을 목에 걸고 실력과 외모 할 것 없이 상남자의 위력을 과시하던 그 사람이 어느 날 문화재관련 세미나장에서 나를 알아본 것이다. 대전 전국대회 이후에 16회 기수들끼리 모임도 갖고 했는데 언제부터인가 모습이 안 보이더니 무려 35년이 흐른 뒤 나를 알아보고 인사를 했던 것이다.

그때 당시에 활동하던 인물들이 몇 분이 있는데 그 사람들은 벌써 무형문화재에 등재되어 인격적으로도 한 수 위에 올라서 있는가 하면 어떤 사람은 같은 시대를 살아가면서 다른 길을 걷고 있는 실정이 매우 안타깝다. 이분 역시 시계수리의 김○○만큼이나 잘 나가던 시절이 있었다. 그런데 직종의 변화와 사회적인 직업구조 개편 때문에 지금은 본업을 접어둔 채로 그 아까운 손이 놀고 있다는 말에 놀라지 않을 수 없었다. 그분이 활약하던 시절에 같이 활약하던 분들은 이미 문화재청

2016년도에 서울전국대회에 산업체 선수로
출전해 은메달을 수상하는 영광을 누리게 되었다.
이것으로 전국대회의 공식적인 입상자 명단에 등재되었다.

에서 수여해주는 최고의 권위와 사회적 지위를 얻고 살아가고 있는데 안타까운 현실이다. 문화재급 실력인데도 아까운 인물들이 이렇게 급변하는 세상에 몸을 둘 곳이 없다는 것이 못내 아쉬움으로 남는다.

또 다른 한 인물은 양복기술을 가진 유○○이다. 한때 명동의 맞춤양복집에서 고급기술자로 근무하던 그 친구도 지금은 기성복 시대에 밀려서 어려운 처지에 놓여 있어 그 좋은 기술들을 활용을 못하고 전업을 했다니 정말로 한탄할 노릇이다. 그래도 내가 가진 목공 분야는 시대의 흐름과는 크게 상관없는 직업군에 있다.

사람이 생활하면서 입고衣, 먹고食, 머물고住, 잠을 잔다. 사람이 생활하면서 기본적으로 필요한 요소가 바로 의, 식, 주이기 때문이다. 그중에서 잠을 자고 생활공간이 되는 곳이 집이 아닌가. 그러기에 세상이 아무리 빠르게 돌아간다고 해도 캡슐에서 잠을 자는 건 힘들다. 인류가 지구에 머무는 동안은 그래도 잠도 자고 일을 하는 업무공간도 필요한 것처럼 세상 사람들이 머무는 공간을 구성하는 건축과 인테리어는 쉽게 사라지는 직업이 아닐 거라는 생각을 해본다.

어느덧 세월이 흘러 현업에 있다 보니 대회에 관해 관심을 가질 만한 여유도 없이 살아왔다. 그러다가 2010년도에 실내장식기능경기대회에 참석해 금메달을 획득했다. 실내장식기능대회는 세계대회의 출신자들이 단체를 만들어서 고용노동부의 지원을 받아서 매년 개최하는 대회다. 이 대회에서 금메달을 수상하고 그다음 대회부터는 심사위원으로 활동을 하고 있다.

요즘은 인천의 글로벌숙련기술센터에서 개최를 한다. 이곳은 국제대회 출전선수들이 평가전을 치루면서 각자 기량을 발휘해 경쟁의 승자만이 세계대회에 출전하는 장소이며, 세계대회출전 선수들이 기숙생활을 하면서 실력을 연마하는 기능한국의 메카라고 해도 과언이 아니다. 모든 비용과 시설은 고용노동부 산하 국제기능올림픽 한국위원회에서 주관하고 있다. 우리나라의 기능 인력을 배출하는 중요한 역할을 하는 곳이다. 세계 수준인 한국의 양궁 실력과 마찬가지로 목공과 실내장식, 가구 등의 실력이 국내에서 세계대회를 치루는 정도라 현재의 우리나라 목공 분야 수준을 보여준다.

나도 젊어서부터 대회에 출전을 했으나 정수직업훈련원이라는 장벽을 못 넘고 1981년도 전국대회에서 장려상에 머물게 되었다. 그때 당시에 목공관련 분야에서 명성을 떨치던 교육기관이 바로 용산구 보광동에 위치한 지금의 "한국폴리텍대학 서울정수캠퍼스"이다. 여기가 바로 한국의 공업발전의 초기에 박정희 전 대통령과 육영수 여사에 의해 설립돼 우리나라의 산업발전의 초석을 다진다는 취지 아래 기술인들의 요람으로 자리 잡게 되었다.

현재에도 이곳 출신들이 각계 각처에서 활발한 활동을 하고 있다. 이전에만 해도 실업계고등학교 출신들이 대회에서 두각을 나타내기도 했는데, 정부의 적극적인 지원에 힘입어서 정수직업훈련원에서 많은 결실을 거두게 되었다. 지금은 기능대학이라는 제도가 서비스 업종과 IT 업종으로 개편이 되면서 예전에 비하면 목공 관련 교육프로그램이 축소된 상황이다.

내가 출전했던 2010년도 대회에서 금메달을 수상해서 다음해에 전국대회에 출전권이 부여됐는데 현장업무와 불규칙한 일상으로 전국대회를 위해 연습할 시간이 없었다. 그리하여 수 년 동안 참여하지 못하다가 2016년도에 서울전국대회에 산업체 선수로 출전해 은메달을 수상하는 영광을 누리게 되었다. 이때 전국대회의 공식적인 입상자 명단에 등재되었다.

무려 35년이라는 긴 세월을 보낸 다음에야 해낼 수 있었다는 것도 이변이라고 하겠다. 다른 사람들은 은퇴를 했거나 전업을 한 경우도 있고 사업 때문에 공구를 손에서 놓은 지가 오래되었지만, 나는 아직도 건재해 현장에서 활동을 하고 있으며 노년기에도 실력을 과시하는 모습으로 젊은 사람들에게도 많은 동기부여가 되었다고 한다. 지금도 녹슬지 않은 실력으로 교육일선에서 활기차게 일하고 있으며, 건강이 허락되는 날까지는 최선을 다해야겠다고 다짐하고 있다.

2015년 울산에서 개최된 전국기능경기대회에서 심사위원을 맡게 되면서 많은 분들이 다시 도전하라는 말에 용기를 내어 35년 만에 다시 도전을 하게 되었다. 서울이라는 홈그라운드 이점을 최대한 활용했다. 타지방대회에 출전하면 체력적인 문제가 가장 크다. 물이 설거나 식사 문제 등 별 불편할 거리가 없는 이점이 대회에서 결과로 나왔다. 그뿐만이 아니라 다량으로 운반할 공구도 대회직전 체력소모에 관건이다. 그 덕인지 2016년도 서울대회에 출전해 전국대회에서 최고점수를 획득하는 영광을 얻게 되었다. 물론 연습도 많이 했지만 행운도 따라주었다. 그런데 다음해 세계대회에 출전선수는 20세 이하의 젊은이들이 출전을 해야 하므로 금메달은 국제대회에 출전한 실업계고등학교 출신의 선수들에게 수여하고 나는 은메달을 수상했다.

어린 시절 청양청소년직업학교를 다시 떠올려본다. 현재 운영 중인 전국의 폴리텍대학의 기술교육 수준과 내가 다니던 직업학교의 수준이 별로 차이가 없다고 느껴진다. 목공이란 특화된 것도 있지만 그 시절엔 자격증이란 제도가 없어서 자격증보다는 실력을 연마하는 실무적인 교육이 중점이 되었던 반면에 현재의 기술교육시스템은 전반적인 자격증에 포커스가 맞추어져 있는 것 같아 아쉬움이 크다.

옛말에도 "기술은 어려서 배워야 한다. 머리가 크면 기술 못 배운다"라는 말이 있다. 이 말의 기본 뜻은 나이가 어리면 누구의 꾸지람이나 야단을 맞아도 반발이나 불평을 안 하는데 나이가 들면 아니꼽다는 생각이 지배해 견디기가 어렵다는 뜻이다. 사회생활을 해봐도 그런 사실을 깨달을 수 있다.

이런 경험을 바탕으로 기능장자격증도 취득을 하고, 민간기능경기대회를 개최도 하고, 문화재청에서 주관하는 문화재수리기능자_{소목수}자격증도 획득했다. 각종대회의 문제에 관해 출제와 심사도 했으며 국내 최대 규모의 전국기능경기대회에서 심사위원을 맡아서 참여도 했다. 각 지역의 지방기능경기대회에 심사위원을 위촉받기도 했으며, 이와 비슷한 민간경기대회에서도 활동했다.

현재 소속단체로는 (사)한국건축기능장협회, (사)한국문화재기능인협회에서 이사로 활동 중이며 앞으로도 봉사활동을 포함한 기능 인력 양성과정이 있는 곳이라면 찾아가 함께 활동을 할 생각이다. 기능한국

을 위해서라도 현장에서 경험한 기술전문서적을 만들어서 널리 세상
에 이로운 영향을 주도록 할 예정이다.

6

목수의 손은 곱게 여물어간다

목수는 익어간다. 여물어간다. 비록 손마디는 거칠지만 그 손끝에서 빚어지는 결과물은 결코 허구 없는 탐스런 작품으로 탄생되는 것이다. 이런 과정을 곱게 익어간다라고 표현하면 적절하다고 본다. 목수라는 직업이 매일 깎고, 자르고, 파다 보니 가난할 수밖에 없다. 그런 일을 하는 사람치고 잘사는 사람 못 봤다. 그러니까 붙이고, 쌓고, 바르는 직업을 선택해야 잘살 수 있다는 말은 들은 적이 있다. 업종 중에서 붙이는 타일 직종, 쌓는 분야는 벽돌을 쌓는 조적 분야이고, 바르는 직종은 미장이다. 설대로라면 이런 직종에 일하는 분들은 잘살고 있어야 맞다. 그런데 오늘날 비슷한 처지에서 모두가 평범하게 살고 별반 차이가 없다.

삶을 살아가면서 부와 명예를 누리는 것은 생각보다 중요치 않다고 본다. 본인의 삶을 위해 어떤 길을 걸어왔는지가 더 중요하기 때문이다. 나는 최고의 목수라고 하지는 않는다. 하지만 내가 이루어낸 작은 것들을 모아서 큰 덩어리로 보면 다른 시각에서 평가할 때에는 최고의 목수라고 인정을 받은 때도 있다.

'성공＝능력＋태도＋기회＋포장전시'라는 글이 취업관련 용어로 흔히 접하게 되는 문구다. 이 네 가지 항목 중에서 부족한 게 있다면 반드시 원인을 찾아서 분석해야 한다. 사람은 누구나 자신만의 특별함을 갖고 살아간다. 타고난 본성, 특성, 개성이 있기 때문이다. 나의 취약점은 바로 포장 항목이다. 지금부터라도 조금씩 포장을 하기 위해 준비를 하고 있다.

이런 것들은 어머니 배속에서부터 타고 난 기질이라서 외부요인에 의해서 바뀌기는 어려운 일이다. 목수에게도 개개인마다의 장기와 특징이 있기 때문이다. 부재가 큰 대목에 능숙한 체질을 타고난 사람도 있고, 섬세하고 디테일하며 꼼꼼한 일에 뛰어난 손재주를 타고난 사람도 있다. 원래 태생이 어머님 배속에서부터 목수라는 명찰을 달고 태어난 사람은 없다.

사람은 평생 살아가면서 자기 집을 짓는 건 겨우 한 번이나 될까 말까 할 정도인데 목수의 선택은 '십 년 감수냐! 삼십 년 장수냐!'를 결정 짓는 중요한 일이다. 목수의 실력을 확인하는 방법 중에서 과거에 완공한 결과물을 찾아서 그 가주와의 면담을 통해서 직접 검증을 하는 방법도 있고, 또 다른 방법은 주변의 인물을 보면 그 사람이 살아온 흔적과 성품을 알 수 있다.

자신을 세상에 보이게 하는 기술, 허구 없는 진실된 모습으로 세상

밖으로 내놓는 일은 오로지 갈고 닦은 기술과 성품을 통해서만 가능한 일이다. 겉치레의 선전광고보다는 실제의 현장에서 작업복을 입고 직접 보여주는 것이다. 비록 현대 건축 공법으로 꽤 달라졌지만 그래도 타 분야의 전문가들도 목수의 위치를 흔들려고 하지 않는다는 점은 아직도 목수의 건재함을 잘 보여주고 있다. 전통한옥의 현장에서는 도편수의 역량이 가장 큰 비중을 차지하고 있고, 현대 건축에서도 목수의 자리는 아직도 굳건히 존재하게 된 배경이 바로 큰 틀을 짜는 분야가 목수이기 때문이다. 모든 결과물이 목수의 손으로 잣대를 잡고 현장에서 선두의 역할을 완수했기 때문에 성공적으로 만들어진 산물이다.

목수의 손에는 보이는 뇌가 하나 더 있다. 이것을 나만의 표현으로 'visible brain'이라고 표현하고 싶다. 즉, 보이는 뇌가 손끝에 하나 더 있는 거다. 머릿속에서 구상한 모든 작품은 손으로 비로소 실체를 드러내기 때문이다. 손의 역할이 얼마나 중요한가! 가공 폭이 넓은 손대패를 잡으려면 손의 악력이 많이 필요하다. 이런 반복적인 작업을 계속하려면 손마디가 굵어지고 거칠어지지 않을 수 없다.

누가 보더라도 내 거친 손은 일하는 손이요, 지금도 여물어가고 있다. 수많은 연장과 부닥치면서 인생을 배웠다. 연장에서도 인생을 배우고, 나무에서도 인생을 배운다. 오늘도 자랑스럽게 목수 인생을 살고 후진을 위해서 내 몸 안에 있는 것들을 세상에 모두 내려놓고 떠나려고 게으름과는 담을 쌓고 살고 있다.

시골에서 평범한 농부의 아들로 태어나 지금껏 목수라는 직업을 가진 한 사람으로서 본분을 충실히 해왔으며, 앞으로도 사는 날까지 부끄럽지 않게 살려고 노력하고 있다. 지금의 내 손은 상처로 얼룩진 흉터만이 남아 있고 거칠기는 하지만 이런 모든 과정이 여물어가는 한 인생의 삶이자 절차라고 겸허히 받아들이고 있다. 지금까지의 살아온 경로가 그랬듯이 앞으로도 지금보다 나은 꽃길만 기대하지도 않는다.

국립발레단장인 강수진의 발가락을 본 적이 있는가? 어느 작가는 강수진의 발을 보고《당신의 발에 입 맞추고 싶다》란 글을 쓴 적이 있다. 사람을 만나면 의식적으로 나도 몰래 손을 보게 된다. 저 사람은 직업이 뭘까! 무슨 일을 하는 사람이기에 남자 손이 저리도 고울까? 그런 일들이 종종 있었다. 내 손은 항상 일하는 손이라서 관리를 할 여유도 없다. 어릴 적부터 겨울에도 찬물로 대팻날을 갈아야 하기 때문에 손을 관리한다는 것은 엄두도 못 냈다. 이런 손에 입맞춤을 해줄 사람이 과연 있을까.

지금은 시대가 많이 변했다. 급속도로 발전해 가는 시대의 변화 속에서도 기술자들이 우대받는 시대가 열리고 있는 분위기이다. 과학기술이 아무리 발전을 하더라도 사람의 손길을 필요로 하는 업종은 사라질 수 없다는 것이 세상의 진리이며 이치다. 현 시대는 3D프린터로 인체의 골격 부분을 만들어내어 사람의 몸속에서 신체 구조의 대체적인 역할을 한다고 하는데 나는 이런 첨단 기술과 목수의 손끝에서 나온 결과물과는 비교하기를 거부한다.

목수는 큰 나무 앞에서 엄숙히 경의를 표한다. 수백 년을 기다린 인고의 세월에 대한 예의로써 정숙한 마음으로 의식을 갖춘다. 나를 만나기까지 얼마나 오랜 세월을 기다려 왔는가! 고마울 따름이다. 이 재목으로 목수는 집을 짓는 것이 아니라 그 집주인의 삶을 담는 그릇을 만든다. 가구를 만드는 것이 아니라 삶을 살찌우게 하는 편리한 도구를 만든다. 창호를 만드는 것이 아니라 집 주인의 삶을 담을 마음의 창을 만든다.

지금까지의 한 목수의 삶에 대해 다른 시각에서는 '고생을 했다. 어렵게 살았다'라고 할지도 모른다. 내 생각은 다르다. '힘든 직업으로 평생 고생만 했구나'라고 보다는 '자랑스럽다, 행복했다, 부끄럽지 않다'라는 표현이 어울린다. 이런 기회를 주신 이 세상에게 고맙다고 표현하고 싶다. 이런 긍정의 사고가 있었기에 지금 나의 모습도 지켜낼 수 있게 되었다고 믿는다.

내 앞에 펼쳐질 어떠한 일이 일어날지라도 절대로 두렵지 않다는 각오가 마음속에 굳게 자리 잡고 있다. '굳은 땅에 물이 고인다'는 옛 선조들의 격언을 거울 삼아 오늘도 연장과 싸우고 부닥치고 있으면서도 내 몸의 열기는 식을 줄 모른다.

순수할 정도로 평범한 시골에서 태어나서부터 아기가 홍역과 볼거리로 생사를 다투고 있으니 출생신고를 할지말지 고민까지 하셨다는 부모님의 말씀을 들었을 때부터 나는 축복받은 사람이다. 그 어렵던 보릿고개를 버텨내고 문명이 태동되기 전부터 지금의 첨단시대를 살기까지 오로지 한 직업에만 전념하면서 살아왔다.

태어날 때부터 덤의 인생이란 운명이 내게 주어진 걸까! 지금의 내 모습을 보고 과거의 궤적을 돌아보며 주변에 계신 분들께 감사하다는 인사를 이 책을 통해서 올린다. 이렇게라도 해야 마음속에 응어리져 있던 앙금을 조금이라도 떨구어낼 수 있을 것 같다.

목수는 나무를 잘 다루는 것이 맡겨진 책무이다. 그런 손으로 글을 쓴다는 자체가 어색할 따름이다. 신은 인간에게 두 가지 재주를 주지는 않는다고 했다. 이 손으로 연장을 잘 다루고 나무를 잘 다루면 그걸로 만족이다. 그 이상을 바란다면 욕심일 거다. 오늘도 펜보다는 더 친근한 대패질을 하면서, 한 번 당기며 "고맙습니다." 두 번 당기며 "감사합니다." 세 번 당기며 "목수가 되게 해주어서 정말 행복합니다." 라고 고백한다.

오늘도 목수의 거친 손은 영글어간다.

7

국가기술자격증
기능장을 취득하다

국가기술자격증의 종류는 두 가지로 크게 기술계와 기능계로 분류한다. 자격증에 처음으로 관심을 갖게 된 지가 벌써 38년 전의 일이다. 1980년도부터 국가기술자격증을 취득을 했고, 그때는 검정공단에 직접 가서 수기로 원서접수하고 수기로 작성한 정감 있는 그런 자격증을 발급해주었다. 그리고 예전에는 기능사보라는 오래된 자격증이 있었다. 지금도 보관하고 있지만 옛 추억이 서려 있는 나에게는 최초의 자격증이다. 현재는 목공관련 자격증만 해도 10개 정도 된다. 게다가 직업훈련교사자격증을 포함하면 20여 개의 자격증을 보유하고 있다.

기능계에서 최고의 자격증은 기능장이다. 우리 분야에서는 건축목재시공기능장이라는 자격증이 있다. 나는 이 자격증을 2009년도에 취득을 했다. 오히려 건축목공산업기사를 1년 후에 취득하는 해프닝도 있었다. 그 외에도 목공과 연관된 자격증은 모두 소지하고 있다. 목공을 하려면 이 정도는 있어야 전문가라고 하지 않을까 해 전부 취득을 했다.

건축제도기능사라는 자격증에는 재미있는 사연이 숨어 있다. 건축제도자격증은 1985년도쯤 손에 넣게 되었다. 당시의 시험은 제도판에 삼각자와 T자를 이용해 도면을 작도하는 시험과제가 있었는데 세상이 변해 지금은 컴퓨터를 이용한 설계 방법으로 바뀌었다. 캐드 프로그램을 활용한 시대에 맞는 방법이 등장하는 과정이다. 그런데 나는 그 이전부터 캐드를 사용하고 있었다. 시대의 흐름에 미리 대비한 것이다. 자격증의 명칭도 세련되게 바뀌어 전산응용건축제도라고 한다. 이런 날이 오리라고 예측을 하지는 않았지만 살다 보니 우연히 이런 경우를 맞게 되었다.

국가기술자격증을 취득한 데는 나름대로 철학이 있어서다. 목표로 하는 자격증이 있을 때에는 시험기간에는 한눈을 팔지 않는다는 것이 나만의 원칙이다. 오로지 시험을 위한 준비에 모든 시간과 노력을 집중한다. 그러한 자신과의 약속이 있었기에 지금의 이름으로 치열한 경쟁사회에서 살아갈 수 있는 것이다.

현재 보유하고 있는 자격증 이 외에도 앞으로도 필요한 종목이 있다면 도전할 생각이다. 이런 마인드는 경쟁사회에서 내 자리를 지키는 수단이 되기 때문이다.

요즘은 현장에서도 기본적인 관련 직종의 기능사자격증이 필요하다. 인테리어 목공이라면 건축목공기능사를 소지하고 있어야 현장 작업이 가능한 시기가 찾아온다. 즉, 현장에서 요구하는 행정상 시공 관련해 책임을 지는 사람을 필요로 하기에 반드시 자격을 갖춘 기공을 현장에 투입해야 한다.

캐드를 시작한 지도 꽤 오래 전 일이다. 캐드는 도면을 그리는 설계
도서를 준비하는 툴의 일종이다. 세상에는 캐드의 종류도 많다. 건축,
인테리어 설계용으로 오토캐드가 있고, 제품설계나 모델링용으로 사
용하는 다양한 툴이 특징도 다르게 많이 사용되고 있다. 비행기와 선
박설계를 하는 카티아, 산업디자인에 사용되는 솔리드웍스, 금형설계
와 가공에 사용되는 유니그래픽스 등 수많은 툴이 사용되고 있다. 이
를 설계용 툴과 디자인 툴로 분류되기도 한다. 설계전용으로는 대표적
인 오토캐드가 전문가들의 프로그램으로 자리매김했고, 디자인 쪽에
서는 일러스트와 포토샵, 맥스 등이 널리 활용되고 있다.

내가 오토캐드를 만나게 된 데는 사연이 있다. 과거로 돌아가서 약
22년 전 일이다. 세상에 컴퓨터가 보급이 되기 시작하는 때였다. 오디
오를 사려고 현금을 120만 원을 들고 시내 매장에 들렀다가 컴퓨터에
눈이 꽂혀서 인켈오디오를 포기하고 바로 컴퓨터를 주문했다.
오디오 대신 컴퓨터를 집에 갖고 오니 가족 중에서 가장 신난 건 유
치원에 다니던 6살 아들이었다. 그때 컴퓨터로 게임을 하고 놀던 아들
은 지금도 주변에서 게임이나 컴퓨터에 관해서는 지인들한테 대단한
실력자로 통하니 컴퓨터로는 조기교육을 한 셈이다. 그때부터 컴퓨터
관련 공부를 하게 되면서 천리안, 하이텔 등의 PC통신 시대를 맞았다.
286, 386, 486 등의 컴퓨터가 해마다 다르게 고성능 컴퓨터가 속속
출시되었는데 그 당시 내가 만났던 사양은 486DX2-66이란 CPU로

수치연산 프로세서라는 신기술이 탑재된 고성능 중앙처리장치 모델을 처음으로 만나는 순간이었다. 그때 PC의 사양이란 요즘 나오는 것과는 비할 바도 아니다. 그래도 그때 시작한 PC는 내게 아주 큰 변화를 가져다줬다. 그렇다고 전문가처럼 잘 다루는 실력은 안 되지만 나름 내 분야에 맞는 프로그램을 운영하면서 필요한 정보도 얻고 잘 활용하고 있다.

우리 세대는 컴퓨터와는 거리가 멀다. 물론 정보를 처리하는 금융권이나 기관은 당연히 컴퓨터를 썼지만 건설현장에서 목수가 컴퓨터를 다루니 시선이 곱지 않았다. 잘난 척한다고 비아냥거리기도 했고 불편한 기색을 보이기도 했다. 현장에서 노트북으로 도면을 보고 출력도 해서 작업에 활용하는 과정에서 꽤 있던 일이다. 그런데 지금은 그 친구들이 그때 따라서 배우지 않은 걸 후회하고 있다. 컴퓨터가 아직 널리 쓰이지 않고 배울 곳도 마땅찮아 프로그램을 거의 책으로 독학해야만 했던 시절 얘기다.

직업이 목수인 내가 컴퓨터를 잘 다루고 도면을 그릴 줄 알게 되면서 주변에서는 많은 변화들이 나타나기 시작했다. 현장의 샵드로잉을 직접 작성하기도 하고 시공을 위한 기초 작업도 도면으로 진행하니까 그 편리함은 이루 말할 수 없이 많았다. 수량산출과 견적에도 모양새를 갖추게 되었고 더 나아가 자격증 시험 중에서 건축목재시공 기능장 직종에도 썼다.

사실 내가 건축제도기능사 2급을 취득하던 시절에는 T자와 삼각자로 도면을 그렸는데 지금은 컴퓨터를 활용해 시험을 치르니 우리나라의 시험제도도 많은 변화가 있음을 알 수 있다. 그런데 세월이 흘러 "전산응용건축제도기능사"로 명칭이 바뀌어져 사용되고 있다. 나는 그 사이에 이미 전산응용건축제도를 하고 있기 때문에 시대에 맞게 준비하고 노력한 케이스라고 할 수 있다.

나는 낯선 시도를 많이 했다. 이것은 요즘 트랜드로 자리 잡는 "스윗 스팟"이라는 단어와 일맥상통하는 부분도 있다. 본업이 아닌 다른 부분에 도전도 하고 새로운 시도를 했기에 지금의 내 자리가 있지 않나 생각한다. 목수가 할 수 있는 일은 모두 해보려는 생각도 그중의 하나이다. 지금도 새로운 시도를 위한 무언가를 찾고 있는 중인데 그것이 바로 지금하고 있는 글쓰기다.

현대 건축과 전통 건축의 만남도 형틀거푸집목공에서 목조주택의 시공 과정도 현장에 참여해서 직접 익히고 공부하면서 좀 더 깊게 알려고 했다. 또 특허와 실용신안, 특히 디자인 출원하는 데 모두 내 손으로 도면을 작성해 제출하기도 했다. 아직은 제대로 활용 못하고 있지만 미래의 기술들로 특허청에 등록한 것이 적지 않다.

내가 보유하고 있는 자격증으로는, 건축목공기능사, 전산응용건축제도, 가구제작기능사, 목공예기능사, 목재창호기능사, 건축산업기사, 건축목재시공기능장, 거푸집기능사, 건축도장기능사, 금속재창호기능사, 플라스틱창호기능사, 건축목공산업기사, 문화재수리기능자, 소목수, 목공지도사1급이 있다. 그 밖에도 직업훈련교사 자격증 5종과 기능대회 상들이 있다.

- 직업능력개발훈련교사자격증(건축시공 2급)
- 직업능력개발훈련교사자격증(건축시공 3급)
- 직업능력개발훈련교사자격증(설계감리 2급)
- 직업능력개발훈련교사자격증(설계감리 3급)
- 직업능력개발훈련교사자격증(건축설비설계시공 3급)
- 실내장식기능경개대회 제3회 금상 수상
- 전국기능경기대회 2016년 은상 수상

8

나는 이론과 실무를
겸비한 목수다

어느 분야에서나 이론은 중요하다. 실무경력이 화려하다고 해도 논리적인 사고가 떨어지면 실무를 아무리 강조해도 인정받기가 어렵다. 더구나 빅데이터의 발달로 정보가 홍수처럼 넘쳐나는 시대를 살아가는 현대인들에게도 이론과 실무를 갖춘 트랜드로 소비자들에게 다가서야 한다. 기술의 가치는 4차 산업혁명의 시대에 접어들수록 인정받게 된다. 그중에서도 수작업 의존도가 높은 직업군이 더 각광을 받게 될 것이다.

요즘 인기종목에는 목공이 들어 있다. 또 1인 가구 혼족이 늘어나면서 인테리어에 관한 키워드가 상위권을 차지한다. 사람들이 추구하는 꿈과 로망 두 항목 모두 다 인테리어가 필수로 붙어 다닌다. 그래서 셀프인테리어를 꿈꾸는 사람도 있을 정도고, 직접 시공하는 사람도 있다. 물론 퀄리티는 높지 않더라도 자기만족과 성취감이 있기에 그만큼 관심도 높다. 그리고 셀프용 툴이 다양하게 개발이 되면서 전문지식이 없어도 부담 없이 할 수 있는 환경이 조성된 것이다.

교육과정에도 캐드는 큰 도움이 된다. 도면을 이해하는 교육에도 쓰지만 교육용 교재를 집필하는 데도 도움이 된다. 캐드의 역할은 전국 기능경기대회를 비롯해서 각종대회이니 자격증과 관련해서도 막대하다. 어느 기관에서 공부 잘하는 사람들이 어떤 특징이 있는지 조사한 적이 있다. 결과는 반복학습이 공통점으로 나타났으니 성인교육도 반복학습이 중요하다는 것을 알 수 있다.

가르치는 자는 당연히 배움을 게을리하지 않아야 하지만 끊임없이 변화하는 현실도 공부하기를 요구하고 있다. 전통과 현대적인 목공관련 행사와 세미나에 참여하고 관심을 기울이는 것도 그런 이유에서다.

목수란 나무의 특성을 잘 알아야 한다. 같은 나무라도 쓰임새를 알고 쓰는 것과 생각 없이 대하는 것에는 큰 차이가 있다. 나무는 모두 특징이 다르다 보니 그때마다 적절한 위치와 다른 부재와 조화를 이루게 하는 몫은 순전히 목수의 재량에 달려 있다. 목수들은 작품을 구상하거나 현장에서 예기치 못한 상황에 순간적으로 판단해서 해결하는 경우가 종종 있다. 그런 일은 어쩌다 운이 좋아서라기보다는 오랜 현장의 경험 덕분이라고 봐야 한다.

컴퓨터를 이용한 도면작업은 실제 상황을 미리 재연해볼 수 있어서 시행착오가 줄게 되니 크게 이득이 된다. 현장일도 마찬가지다. 디자이너들은 특색 있는 콘셉트로 자신만의 창작품을 연출하고 싶어 한다. 하지만 시공 과정에 숨어 있는 변수를 몰라 기획력을 제대로 발휘하지 못

가르치는 자는 당연히 배움을 게을리하지 않아야 하지만
끊임없이 변하는 현실도 공부하기를 요구하고 있다.
나무 표정과 모양새에 따라서 어디에, 어떻게 쓸지 잘 판단하는
안목이 있어야 하다. 목공을 하려면 목재공학까지는 아니더라도
기본적인 구조는 알아야 한다.

한다. 이런 현상은 현장경험이 부족한 초보 디자이너일수록 더 심하다.

그러다 보니 디자이너들이 목공 분야에 관심을 갖는 경우가 있다. 그중에는 아예 목공 쪽으로 전업하겠다는 사람도 나온다. 설계를 담당하던 디자이너들이 두 가지 이유로 목공에 관심을 갖는다. 하나는 업무에 깊이 접근해 디테일한 부분을 보완하고 싶어서, 또 하나는 목공 분야의 급여가 높아서다.

모델링을 활용하는 작품과 그때그때 떠오르는 아이디어로 작업하는 건 장단점이 있다. 나는 미리 모델링 해서 사전에 문제점을 찾아내는 걸 좋아하는 타입이다. 모델링은 디자인 문제와 전체적인 스케일감을 알고 현장에서 설치할 때 나올 문제점을 사전에 체크할 수 있다. 비록 절차는 번거롭지만 결국 시간과 리스크를 줄이는 길이 된다.

목수는 요리사가 요리하는 것처럼 나무를 재료로 맛깔 나는 작품으로 재탄생시킨다. 나무 표정과 모양새에 따라서 어디에, 어떻게 쓸지 잘 판단하는 안목이 있어야 한다. 목공을 하려면 목재공학까지는 아니더라도 기본적인 구조는 알아야 한다.

어느 분야든 구조를 이해하는 건 필수이다. 영어를 학습하는 데도 구조를 말한다. 건축은 구조를 모르고서는 한 걸음도 나아갈 수 없다. 구조는 모든 형태를 구성하는 기본 틀, 즉 뼈대다. 구조를 무시하고 본 작업에 들어가면 문제를 만들기 십상이다. 목공의 구조를 알아가는 전문서적도 많지 않으니 현장에서 체득하는 경험이야말로 돈 주고도 못바꿀 만큼 소중한 것이다.

경험이 많은 현장전문가는 공구 다루는 실력에서도 차이가 난다. 여기에서 말하는 공구는 수공구다. 요즘처럼 훌륭한 목공 기계가 많은 시대에 무슨 수공구를 가리느냐고 할지도 모르지만 목공 기본기를 닦는 데는 수공구가 곧 내 손이다. 생산성을 높이는 전동공구와 기타 장비는 형편만 좋으면 언제라도 구비할 수 있지만 이런 장비를 핸들링하는 기본기는 수공구부터 시작한다.

예를 하나 들어 보면 내가 한양대학교 사회교육원에서 건축공학사 과정을 공부하는 동안 건축제도Ⅰ, 건축제도Ⅱ를 모두 제도용지에 삼각자와 연필만으로 두 학기를 마쳤다. 스케치북에 직접 그림도 그리고 평면도, 단면도, 입면도를 수작업으로 한다는 것이 불편하고 시간도 걸리지만 이런 과정 없이는 다음 단계로 올라서기 힘들다. 나는 캐드를 다룬 경력이 20년 차라 전문가인데도 순전히 수작업으로 한 제도수업에서 깨달은 것이 얼마나 많은지 모른다.

나 자신이 이렇게 다양한 직종을 습득하는 과정에서 많은 공부를 한다. 시간이 날 때면 나 자신과 아이디어 회의를 한다. 기능장 정도 수준이 되면 목재가공은 못 다룰 게 없고 장비를 세팅하는 능력도 부족할 게 없다. 디자인 능력도 있으니 다른 사람들이 쉽게 시도하기 까다로운 과제들을 구상하기도 한다. 아이디어는 여행을 떠나 낯선 시공간 속에서 영감을 얻는 경우도 많다.

각종대회에서 올린 입상도 이론이 뒷받침되어야 소화할 수 있는 종목들이다. 모니터로는 시뮬레이션으로 재연해 반복적으로 학습을 할 수 있는 장점이 있다. 박람회에 작품을 출품하는 것도 주제를 선정하는 것부터 완성작품의 스케일을 결정하는 단계까지 모든 과정이 종합적인 시스템을 가동해야 한다.

한옥박람회에 작품을 출품하면서 많은 공부를 하게 되었다. 육각정을 출품하는 과정에서 처음 구상할 때부터 선조들의 지혜를 담아야 하는 부담도 있었지만 선조들의 멋스러움에 감탄할 때도 있었다.

이러한 작품들과 아이템을 모아서 특허청에 디자인등록증을 받아놓았다. 물론 학원에서 진행되는 모든 커리큘럼도 특허청에 등록되어 있는 아이템으로 수업하고 있다. 실습에 필요한 많은 장비도 특허를 받은 지그와 특수한 공구들이 활용되고 있다. 이것은 전문가만이 가능한 업무이다. 반드시 안전을 먼저 고려해야 하고 생산성 문제는 그다음 일이다.

자격증을 두루 갖춘 전문가들이 목공계를 주도하고 있다. 이 시대가 라이선스를 중시하기 때문이다. 그렇다고 실력이 없어서야 되겠는가. 나는 여태까지 쌓은 노하우를 정리하고 콘텐츠로 제작해 목공계의 자산으로 남기려고 한다. 그것으로 세상 사람들이 기술은 이론을 겸비해야 된다는 의미를 알게 될 거라고 생각한다.

화려한 간판만 내세워 통하는 시대는 지나갔다. 이제는 누구나 인터넷 매체로 자기 실력을 직접 보여줄 수 있다. 그동안 이론과 실무를 콘텐츠로 묶어서 세상의 많은 분들이 함께 공유하기를 바라는 마음으로 오늘도 자료 모으기에 열중했다. 지금도 교육하면서도 공부를 계속하고 있다.

한 분야를 오랫동안 일해오면서 이제는 전공분야가 되었기에 좀 더 깊이 있는 것들을 탐구하고 정리하는 데 시간을 투자한다. 지금까지 해왔던 것들을 모두 정리해 체계적으로 책으로 만들고자 오늘도 글쓰기에 열중하고 있다. 글을 쓴다는 것이 일하는 것보다 어렵고 힘이 든다. 어색하고 부담스럽지만 포기하지 않을 것을 이 글로 재차 약속한다.

9

전문분야의 기술을
특허로 등록하다

목공 일을 하면서 썼던 장비 종류도 다양하고 많다. 그중에서 쓰는
데 불편했던 기계를 개선한 아이디어를 모아 특허, 실용신안, 디자인,
상표 등을 약 56여 건 등록을 했다. 등록은 최근 2017~2018년 사이
에 확정되었다. 특허는 주로 목공기계와 장비에 관한 아이템이며, 실용
신안도 역시 목공에 관한 것이다. 건수로는 디자인이 가장 많다. 공방
에서 만든 작품으로 등록을 받았으며, 대부분 작품을 커리큘럼의 내용
을 포함해서 등록했다. 상품으로 제작배포해도 될 소재도 들어 있는데
상표는 내가 운영한 공방 상호를 필두로 전통한옥에 어울리는 것(가송
공방, 머름, 송화, 솔샘, 청솔, 등)이 꽤 많다.

이 모든 항목을 등록받는 데 필요한 도면 작업을 모두 직접 디자인
했다. 캐드도면을 변리사를 통해 등록하는데 3D도면을 100% 내 손으
로 작업해 제출했을 정도다. 변리사 사무실에도 도면기사가 있지만 정

목공 일을 하면서 장비의 종류도 다양했지만
그중에서 불편했던 기계를 개선해 더 안전하고 편리하게
쓸 수 있게 개발한 기계를 특허 출원해 특허청으로부터 등록을 받았는데
그 건수가 여럿이라 연간 등록비용과 유지비용도 만만치 않다.

리하고 편집해 출원에 필요한 양식을 갖추는 작업을 했을 뿐 원 도면은 모두 내 손으로 작업했다.

목공기계는 역시 일본, 미국, 독일 제품이 강세다. 하지만 현장의 전문가로서 보면 아직도 미흡한 부분이 많이 발견되고 개선할 여지도 많았다. 더 안전하고 편리하게 쓸 수 있게 개발한 기계를 특허 출원해 특허청으로부터 등록을 받았는데 그 건수가 여럿이라 연간 등록비용과 유지비용도 만만치 않다.

이것을 기회로 특허업무에 필요한 도면작도법 과정을 책으로 출간해 공개할 계획이다. 책은 현업에 있는 변리사나 변리사 사무실의 도면기사들이 봐도 도움이 될 만하리라고 본다. 현재는 보유하고 있는 디자인을 다른 공방이나 업체에서 사용을 하려면 사용승인을 득하고 절차에 따라야지만 일정 아이템의 사용이 가능하다.

특허의 종류는 특허, 실용신안, 디자인, 상표 등이 있는데 이 4개의 지적재산권과 공업소유권에 대한 모든 법적 업무를 특허청에서 주관한다. 특허청은 산업통상자원부 산하에 소속이 되어 있으며 현재 대전 정부청사 4동에 위치하고 있다.

모든 일처리는 온라인 시스템이 잘 되어 있어서 청에 방문하는 일도 거의 없을 정도다. 나 역시도 특허청에 등록된 건수가 50건이 넘지만 의뢰한 변리사 사무실을 단 한 번 찾아간 것이 전부다. 필요한 서류는 이메일을 활용하면 되니까 특별히 마주할 일도 없다. 특허청에 출원하기 전에 검토를 요청하는데 도면 모델링 등은 출원자의 몫이고 나머지는 변리사가 서류를 준비하는 절차로 진행했다.

지금까지 해왔던 발명품들을 모두 집약해 불과 2년 사이에 약 60여 건을 출원했다. 현재 등록 성공률은 95%에 달하며 나머지도 심사 중에 있으니 심사가 모두 완료가 되면 등록률은 거의 100%에 가까울 것 같다.

이렇게 등록률이 높은 것은 신기술을 인정해주는 특허청의 심사관 례로 볼 때 현재 내가 출원중인 아이템에 인정할 만한 진보성이 있어 서다. 아이템은 목공방의 소형장비가 일부 있으며 나머지는 미래를 대비해 구상한 디자인으로 짜맞춤과 D.I.Y목공에 쓸 목적으로 만든 제품들이다.

내가 출원한 특허는 2017년 개인의 기록으로는 아마 가장 많은 것 같다. 출원을 1주일에 1건일 정도로 많이 했으니 비용도 만만치 않게 들었다. 기본적인 변리사 비용이 가장 큰 부담이 되었으며, 등록이 결정되면 성공보수금을 지급하는 방식이었다. 이런 사항은 법적인 조항을 떠나서 변리사와 약속했기에 정확하게 지불했다.

특허청에 관한 역사는 대강 이러하다. 14세기 영국에서 국왕이 특허권을 부여할 때, 다른 사람이 볼 수 있도록 개봉된 상태로 수여되었으므로 특허증서를 개봉된 문서, 즉 "Letters Patent"라 했으며 그 후 "Open"이라는 뜻을 가진 "Patent"가 특허권이라는 뜻으로 사용되게 되었다.

세계 최초의 특허법(1474년)은 르네상스 이후, 북부 이탈리아 도시국가 베니스에서 모직물 공업이 발전함에 따라 발명을 제도적으로 보호하기 위해 제정되었으며, 이 최초 특허법에 따라 갈릴레오의 양수, 관개용 기계에 대한 특허권이 부여되었다.

현대적 특허법의 모태는 선발명주의, 독점권(14년) 부여 등을 규정한 영국의 전매조례Statute of Monopolies : 1624~1852이고, 이 전매조례에 따라 제1차 산업혁명의 근원이 되는 방적기, 증기기관 등에 대한 특허권이 부여되었다.

우리나라 특허법은 1961년에 제정되고 특허청은 1977년에 개청했다. 우리나라는 미국, 일본, 중국, 독일 등과 함께 세계적인 특허강국에 속하며, 특허권과 관련해 가입한 국제조약은 다음과 같다.

- 1979년 : 세계지식재산권기구WIPO 가입
- 1980년 : 파리협약Paris Convention 가입
- 1984년 : 국제특허출원을 위한 특허협력조약Patent Cooperation Treaty 가입
- 1999년 : 국제디자인출원을 위한 헤이그의정서 가입
- 2003년 : 국제상표출원을 위한 마드리드 협정 가입

특허제도는 발명을 보호·장려함으로써 국가산업의 발전을 도모하는 것을 목적으로 하고(특허법 제1조), 그 목적 달성을 위한 구체적 수단으로서 기술 공개에 대한 대가로 특허권이라는 독점권을 부여하고 있다. 기술 공개에 의해 기술이 축적되고 기술의 발전 속도가 빨라지며, 독점권 부여에 의해 사업화가 촉진되고 발명의욕이 고취됨으로써 산업발전을 도모할 수 있다.

특허요건은 다음과 같다. 특허요건은 특허를 받기 위해 출원발명이 갖추어야 할 요건으로서, 출원발명이 산업상 이용할 수 있어야 하며 (산업상 이용 가능성), 출원하기 전 알려진 기술공지기술과 동일하지 않아야 하고신규성, 공지기술과 차이점이 있다고 하더라도 그 차이점이 공지기술로부터 쉽게 생각해낼 수 없어야 한다진보성.

특허권의 효력은 다음과 같다. 특허권은 설정등록을 통해 효력 발생하며 존속기간은 출원일로부터 20년(실용신안권은 10년)이며 디자인은 출원일로부터 20년, 상표는 상표권의 설정등록이 있는 날부터 10년이며 10년 단위로 갱신할 수 있다. 특허권은 속지주의 원칙에 따라 권리를 획득한 국가에서만 효력이 발생하므로 외국에서 권리를 행사하기 위해서는 각 국가에 직접 또는 PCT국제특허절차를 통해 특허출원해야 한다. 유럽특허조약에 따라 특허출원을 하는 경우 한 번의 특허출원에 의해 유럽연합의 회원국 전체에 대해 특허권을 취득할 수 있다.

특허청에서는 출원 및 등록을 전담하고 그 외의 업무는 별도로 한국지식재산보호원http://www.koipa.re.kr/에서 하는데 설립 목적을 아래와 같이 정리했다.

"국내외 지식재산권 보호기반 조성 및 유관기관 협력 네트워크를 유기적으로 구축함으로써 지식재산에 대한 보호를 체계적·효율적으로 추진해 국내 산업발전, 과학기술 보호 및 지식재산분야의 국제경쟁력 강화에 기여함을 목적으로 설립되었습니다."

지금까지 등록된 특허와 디자인을 앞으로 어떻게 교육적으로 또는 상품화해 사업적으로 활용을 해야 하는지가 관건이다. 현재는 교육에 중점을 두고 앞으로 시간이 되면 점차적으로 계획을 세워나가야겠다.

2장

배우고
또 배운다

1

나만의 콘텐츠

　그동안 목수 일로만 수십 년을 살아오면서 나만 가지고 있는 콘텐츠가 얼마나 될까? 키워드만 떠올려도 많은 단어들이 열거가 된다. 가장 먼저 준비를 한다면 아마도 요즘 뜨고 있는 먹食방을 대체할 만한 것도 있다. 먹방에서 목방으로 전환을 꿈꾸기도 했었다. 꿈은 이루는 것이고, 로망은 지르는 것이라 했었다. 그러니 목木방으로 만들려면 먼저 자신에게 충실해야 할 것이다. 목방에서 활용 가능한 콘텐츠를 따로 모아서 책으로 만들 생각도 하고 있다. 생각만 하면 생각에 그치기 쉬우니 질러야 한다. 나는 지를 준비가 모두 되어 있다.

　이번에는 이은대 대표작가님과 함께 일을 저질러볼 생각이다. 아마도 먹방의 대부인 백종원 씨가 나를 원망하는 날이 올지도 모르겠다. 현재 예능프로그램에서 먹방의 숫자가 100개가 넘는 것으로 알고 있다. 유행은 유행으로 변해가는 것이 세상의 이치이다. 목공 채널도 언제까지 생기지 말란 법도 없지 않은가. 트랜드는 소비자가 만들어가는 것이다. 그러한 준비의 작업으로 스펙, 경력, 브랜딩을 하고 있는 중이다.

성공을 위한 조건을 다시 한 번 상기해보자. '성공의 기본조건=능력+태도+기회+포장기술'이라고 한다. 하나하나 짚어보면 스스로 평가하기에는 무리가 따른다. 모든 평가는 소비자가 판단하게 되어 있다. 자신이 나서서 "능력도 있다, 태도도 좋고, 기회만 주면 잘해보겠다"고 하면서 과대포장으로 세상 밖에 내놓으면 다 될 것처럼 착각해선 안 된다. 차가울 정도로 냉혹한 것이 현실의 소비자들이다. 소비자를 무시하고는 세상을 바꾸는 어떠한 설계도 오래가지 못한다.

내가 추구하는 '세바목세상을 바꾸는 목공'을 세상에 내놓을 차기 작품으로 준비하고 있다. "세상을 바꾸는 목공" 이런 명판을 들고 이젠 밖으로 나가기 위해 열심히 갈고 닦는 중이다. 그럴 만한 스펙도 준비되어 있고, 학력도 되고, 경력도 화려하다. 게다가 콘텐츠로 활용할 디자인도 특허청에 30여 건 등록을 마치고 뚜껑을 열어주기만 기다리고 있다. 헌데 걸림돌이 하나 있다. 퍼스널브랜딩이 약하다. "나 이런 사람이요"라고 아무리 목소리 높여봤자 아직은 알아주는 이가 없다.

책을 통해서 보여주는 데는 한계가 있을 것에 대비해 1인 지식채널을 만들었다. 목공은 범위가 워낙 넓어서 보여 줄 거리가 참으로 많기 때문이다. 그동안 유튜브에는 아마추어 목공들이 많은 자료를 올렸다. 흔히 목공을 낭만적인 상상으로 접근하기 쉽다. 만에 하나 안이한 발상으로 부상이라도 입어 삶에 영향을 생긴다면 시작하지 않은 것보다

못하다. 많은 사람이 관심 둘 때야말로 가장 먼저 몸을 안전과 작업의 체계성부터 배우지 않으면 안 된다.

이 책의 후속으로 기술관련 서적을 펴내려고 한다. 내용은 전통 짜맞춤, 인테리어 목공, 가구제작, 공방운영, D.I.Y목공, 취미 목공 등의 다양한 목공의 세계에 펼쳐진 내용을 정리한 전문서적이다. 아마도 이 책이 세상에 나올 즈음에는 초고를 탈고했을 것이다.

내가 현재 운영 중인 학원은 기술전수 공간으로 활용할 계획이다. 최근에는 각 대학에서도 실습 강의요청이 있다. 헌데 규모로는 서울은 물론 전국의 목공 실습실 중에서 가장 큰 데도450㎡/150py 대학특강까지 진행하기에는 제약이 있어 답보상태에 그치고 있다. 학원에는 최신 장비와 수공구가 완벽하게 준비되어 있기 때문에 어떤 종목도 수업할 수 있다. 단, 국비과정이 진행되는 시간에는 중복수업이 어려워 일정별로 단일과목을 수업하고 있다. 교육내용은 현장에서 경험한 기술과 공식이다.

목공과 금속 등 타 분야에도 적용이 가능한 기술이 많은데 현치도법을 활용한 기법도 여러 가지다. 현치도법은 입체적인 도형을 2D의 평면에 전개해 부재에 먹넣기를 해 가공조립하면 실제의 형태 그대로의 위치에 접합하는 것으로 건축목공기능사, 건축목공산업기사, 건축목재시공기능장의 시험에 활용하는 기법들이다. 자세한 요령은 자격증 과정에서 다루게 될 것이다.

짜맞춤 과정에도 이음과 짜임 등 다양한 맞춤기법이 있다. 쪽매의 방법으로 맞댐, 반턱, 제혀, 딴혀, 오늬, 빗쪽매 등 그 외에도 여러 가지

쪽매의 방법이 있다. 맞춤의 방법에도 빗걸이, 메뚜기산지, 주먹장, 걸침턱, 턱솔, 엇걸이산지이음 등 많은 맞춤기법이 있다. 이런 견본을 만들면서 작업 과정을 이해하기도 하면서 문제점도 기록하고 있다. 이 자료를 바탕으로 수강생들에게 반영하는 것도 교육 방법 중에 하나다.

현치도를 풀기 위해서 우리 선조들은 규구술이란 척도법을 활용했다. 규구술은 일본의 방식을 따라서 했던 흔적이 보인다. 하지만 요즘은 유럽의 도학이 발전해 그 방식을 각종 기능경기대회에서도 적용하고 있다. 유럽에서도 프랑스, 독일의 도학은 세계적으로 유명하다. 나선형계단이나 타원을 활용한 기법을 전개해 현장에 접목시키는 기술을 쓰고 있어서 독일어나 불어를 이해하지는 못하지만 도면을 위주로 공부하고 있다. 교재를 보면서 컴퓨터로 그려보기도 하고 실제 규격으로 제작하여 재연해보기도 한다.

현치도의 개념은 실제의 치수를 현치도판에 그린다. 현치도판은 별도로 된 것은 아니다. 작품의 크기에 따라서 켄트지에 그려도 되고, 합판이나 MDF에 가느다란 펜을 이용해 작도하는 방법이다. 삼각자는 대형 삼각자를 별도로 주문하거나 직접 제작하기도 한다. 내가 쓰는 대부분의 삼각자는 직접 만들어서 사용을 하고 있다. 장변의 길이가 1m가 넘는 크기의 삼각자가 여러 개 있을 정도로 다양한 치수의 대형 삼각자를 필요로 한다. 현치도를 활용한 국가기술자격증 과정은 여러 종목이 있다.

가장 어려운 과목이 건축목재시공기능장이다. 시험을 이틀에 걸쳐서 나누어서 본다. 과제물 완성에 이르는 시간이 13시간 30분이다. 전날 8시간을 보고 다음 날 5시간 반 동안 완성해야 하는 시험이다. 국내에선 유일하게 기능장 시험을 이틀씩 보는 아주 특별한 시험이다.

내가 이 시험을 마치고 무릎에 뼈가 파손되는 정도의 상처를 입고도 투지를 갖고 시험에 합격한 경험자다. 벌써 10여 년 세월이 흘렀다. 지금은 기능장 교육생들을 위해 수업을 진행 중이다. 응시자가 많은 과목은 아니고 대부분 직장 내에서 고과점수를 취득하기 위한 수단으로 준비하는 사람들이 대부분인데 때로는 직업훈련 교사를 취득하는 지름길로 자격증에 도전하기도 한다.

전통한옥 공부도 지속적으로 하고 있다. 한옥 세미나에 참석하고 문화재청 홈페이지에 자주 방문해 정책의 변화를 아는 데도 게을리하지 않고 있다. 나만의 콘텐츠로 만들기 위한 방법 중에 하나가 바로 반복 학습과 꾸준한 실습이다. 부석사 무량수전의 1/10의 크기로 제작했던 경험이 있다. 이번에는 평주와 고주의 부분 작업을 1/5의 크기로 만들어볼 계획이다. 작품 크기가 사람 키 정도의 크기가 되겠지만 실물크기는 힘들더라도 그래도 그 정도는 해볼 만하다.

이외에도 전통관련 짜맞춤에 많은 관심을 두고 있다. 예전에 한옥박람회 때 출품을 했던 육각정을 비롯해 세 칸 한옥과 기타 불발기창, 세살문 등도 계속 연구해 현실성에 맞는 단열과 신축 한옥에 맞는 창호로 거듭나기를 기대하고 있다.

창호의 기능 중에는 단열성, 차음성, 내수성, 기밀성, 내풍압성 등의 5대 기능이 필요하다. 목재의 단점은 수축변형이다. 이러한 단점을 보완하면 한옥에 어울리는 창호의 기능을 발휘하면서 한국적인 창호로서 역할을 충분히 할 거라고 본다.

전통한옥 공부도 지속적으로 하고 있다.

나만의 콘텐츠로 만들기 위한 방법 중에 하나가 바로

반복학습과 꾸준한 실습이다.

부석사 무량수전의 1/10의 크기로 제작을 했다.

이 외에도 서울에 한옥학교를 설립하기 위한 방법을 모색하고 있다. 오래전부터 구상은 있었지만 아직도 실현될 가능성은 멀어 보인다. 하지만 가능성은 도처에서 보이고 있다. 서울 시내에 폐교가 나올 가능성이 보인다. 이는 서울 시내에 인구수 감소가 초등학교의 학생수로 연결되기 때문이다. 서울의 인구감소는 국가적인 차원에서도 좋은 현상은 아닌데 현시대에 어쩔 수 없는 현상이라고 본다.

목공은 도면이해가 절반이다. 현대 목공, 전통 목공 모두 도면을 이해하면 재료의 수량산출이나 작품 또는 건축의 형태가 보이고 입체적인 면도 파악할 수 있기 때문이다. 특히 목수의 역할은 도면과 밀접한 관계에 있다. 그러므로 도면은 목수 머릿속에 정리한 것처럼 입력되어 있어야 모든 공정에서 차질 없이 진행이 가능하다.

대패는 목수한테 공구의 시작이다. 대패를 잘 다루는 것은 목수의 권위와도 같으며 실력을 나타내는 아주 중요한 공구다. 대패를 잘 다루는 목수는 다른 실력을 더 확인할 필요가 없다고도 했다. 시간이 나면 날물을 갈고 공구의 손질을 하는 것은 목수의 습관과 버릇이 되어야 한다. 교육시간에도 대패 강의로 수공구를 잘 쓰는 게 얼마나 중요한지 강조하고 있다. 그런데 요즘에는 대패를 흘러간 도구로 알고는 "요새도 대패를 쓰나요?"라고 묻는 사람도 있다. 대패라는 것은 목수의 영원한 자존심이다.

2

문화재수리기능자_{소목수}

소목수는 우리나라 전통한옥에서도 창호나 전통가구를 제작하는 목수의 호칭이다. 궁궐을 짓거나 사찰을 짓는 목수는 분야별로 있다. 먼저 목조 건축물의 구조체를 세우고 서까래를 얹고 나면 와공이 기와를 얹게 된다. 그때부터는 소목의 작업이 시작이 된다. 한자의 뜻풀이대로 대목수大木手와 소목수小木手로 구분이 된다.

못을 사용하지 않는 전통기법인 짜맞춤은 창호에 많은 기술이 집약이 되어 있다. 창호의 특징은 건축에서 얼굴이라는 점이다. 선을 나타내는 세살문과 같이 곧은 선비의 정신은 의리와 지조를 중요시한다. 어떻게 인간으로서 떳떳하게 의리를 지키고, 흔들림 없이 지조를 지키는지를 표현한 창호가 바로 세살문이다. 그 외에도 여러 가지의 뜻을 담고 있는 창호가 있는데 나머지 창호에 대해서는 아래의 내용으로 대신하기로 한다.

문화재청이 주관하는 문화재수리기능자 시험이 24개의 직종이 있다. 해마다 5월초에 치러지는 시험이 처음에는 서오릉에서 시험을 보다가 문화재 훼손의 우려가 되어 지금은 부여전통문화대학에서 시험을 치른다. 대목은 운동장에서 약 700여 명이 하루에 한 과제물을 완성하는 것이며, 소목은 아래의 다양한 창호의 종류 중에서 무작위로 출제가 된다.

내가 시험 보던 해가 2010년도이다. 그때에는 세살문이 출제가 되었다. 7시간 동안 완성해야만 되는 실기형 시험이다. 해마다 다른 과제가 출제되지만 그래도 창호제작기법을 숙지하면 누구나 도전이 가능한 시험이다. 소목은 해마다 약 80여 명이 시험을 보게 되는데 합격률이 대략 10%에 도달한다. 하루 종일 오로지 수공구를 사용하는 시험이라서 체력소모가 많은 시험 중에 한 과목이다. 시험 준비를 위해서는 체력이 따라주어야 가능한 시험이다. 거듭 강조하지만 햇볕이 내리쬐이는 마당에서 종일 대패질과 톱질 그리고 끌질과 조립까지 쉴 틈 없이 해야 하는 강도 높은 시험이다.

전통창호의 종류는 다음과 같다. 설명 중에 표기된 순번은 중요치 않다.

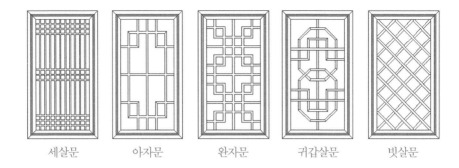

| 세살문 | 아자문 | 완자문 | 귀갑살문 | 빗살문 |

❶ **세살문**格子門: 가는 살을 세로 방향으로 좁은 간격으로 세우고 가로 방향으로는 상·중·하 삼단으로 나누어 네 줄 혹은 다섯 줄씩 보낸 형태이다. 외부에 면한 창호에 주로 사용되었다.

❷ **아자문**亞字門: 한자의 亞자와 같은 형태로 살을 짜는 데서 유래된 명칭이다. 아기자기한 짜임새에 안정성과 단아한 품격을 보여 주로 여성적인 공간에 많이 사용되었다.

❸ **완자문**卍字門: 한자의 卍자와 같은 형태로 살을 짜는 데서 유래된 명칭이다. 변화가 많은 형태로서 가, 나, 다 등이 형태가 서로 연결되거나 교차되는 형태이다. 卍자가 불교와 연관이 있다고 해 조선시대 사대부들은 이 문양을 싫어했다고 하나 궁궐 건축에는 적지 않게 나타나고 있다. 한자로는 만卍자인데 완자로 발음을 하는 것은 중국어의 발음에 영향이 있는 것으로 보인다.

❹ **귀갑살문**龜甲門 : 거북의 등 무늬처럼 살을 짠 것이다.

❺ **빗살문**爻, 교살문: 살을 45° 방향으로 비스듬히 짠 형태로서 교살이라고도 한다. 문 위에 설치되는 고창에 많이 보이며, 궁궐이나 사찰에서도 볼 수 있다.

❻ **소슬빗살**: 수직의 살에 30°와 150° 방향의 살을 짜 넣은 형태이다. 꽃살창의 살 짜임은 주로 이것을 바탕으로 한 것이다.

❼ **꽃살**: 살대에 꽃을 새긴 것으로 궁궐이나 사찰의 주요건물 정면 창호에 널리 사용되었다. 빗살에 꽃 새김한 것을 빗꽃살, 소슬 빗살에 꽃 새김한 것을 소슬빗꽃살이라 한다. 이외에 정자살에 꽃 새김하거나 통판재를 투각해 꽃 새김한 것도 있다.

❽ **불발기**: 울거미와 살을 안팎으로 싸 바른 창호를 맹장지라고 하는데 맹장지의 가운뎃부분에 불발기를 설치한 형태이다. 불발기란 맹장지 중간부에 앞서 살펴본 다양한 형태의 살 짜임을 하고 한 쪽으로만 창호지를 붙여 일부 채광이 되도록 한 부분이다.

전통창호에 꼭 필요한 요소가 창호지이다. 한지라고 불리며 제조과정을 보면 수십 차례의 손이 갈 만큼 정성과 공이 들어가야 만들어지는 고귀한 한지는 기능도 대단하다. 여러 가닥의 섬유들이 얼기설기 엮여 있어서 현대 건축의 이중창 유리의 기능을 한지가 해냈다. 외관으로 보기엔 약해 보이지만 수많은 공간들이 섬유질로 엮여져 있어서 공기정

화 기능이 뛰어나다. 우리 조상들 집엔 문짝마다 단열성능이 뛰어난 한지 한 장으로 추운 겨울을 났다. 그리고 습도 조절기능은 물론 미세먼지의 차단 기능도 있어서 현대인의 건강에도 도움이 되는 것이다. 전통 창호는 문창살과 한지로만 제작해 닫아놓아도 미세한 통풍과 환기가 되도록 되어 있다. 그뿐인가. 한지가 가지고 있는 놀라운 기능은 요즘 문제되고 있는 미세먼지를 걸러내는 필터의 역할을 하고 있다.

조상들은 주변 환경을 꾸미는 데 자연에서 얻어온 부산물들로 만들었다. 집만 해도 기초는 적당한 크기의 자연석으로 기둥, 보, 지붕의 서까래, 추녀는 모두 목재로 만들며, 못 하나 안 쓰고, 벽은 대나무와 나뭇가지를 새끼줄로 엮어 그 위에 볏짚을 썰어서 여물로 만든 황토를 발랐다. 기와는 흙을 구워서 이고, 담장은 흙과 자연석을 이용해 모두가 자연에서 가져온 것들이다. 인간은 모두 자연의 산물이기 때문에 인간은 생애동안 자연을 빌려서 쓰다가 언젠가 돌려주고 가야 한다.

특히 전통창호에 제작되는 재료는 홍송잣나무이다. 우리나라에서 산지로 가장 먼저 떠올리는 곳은 가평이다. 잣나무는 소나무와 달리 침상형으로 이파리가 다섯 개다. 참고로 소나무 이파리는 두 개다. 그런데 전통한옥의 대부분 구조체는 모두 소나무이고, 창호나 닷집, 전통가구 등은 수축변형이 적은 잣나무가 주류를 이룬다. 구조재가 아닌 내부수장용으로 널리 사용되는 재료가 홍송이다. 특히 창살용 재료는 수축변형이 없어야 하기 때문이다.

못을 사용하지 않는 전통기법인 짜맞춤은
창호에 많은 기술이 집약이 되어 있다.
창호의 특징은 건축에서 얼굴이라는 점이다.
선을 나타내는 세살문과 같이 곧은 선비의 정신은
의리와 지조를 중요시한다.

최근 한옥의 새로운 가능성을 꾀하는 다양한 프로젝트가 눈길을 끈다. 그 한옥은 2층 형식으로 색다른 공간감을 자아낸다. 물론 전통 한옥과 마찬가지로 기와지붕이 든든한 인상을 남긴다. 이와 더불어 기존 한옥에서 단점으로 꼽히던 단열 문제를 극복하기 위해 현대적인 창호를 설치하고 꼼꼼하게 단열재를 시공했다. 전통미는 그대로 살리고 기밀성과 단열성, 차음성 등의 기술을 높인 전통창호가 고급빌라, 전통한옥, 아파트 인테리어에 널리 적용되면서 인기를 얻고 있다. 이것은 한옥뿐만 아니라 고급주택 등에서도 개성 있는 인테리어를 원하는 소비자의 수요에 따라 가기 때문이다.

우리의 한지는 천년을 사는 종이이다. 한지는 살아 있는 종이로서 인간과 가장 가깝고 친밀한 곳에서 우리와 같이 살아왔다. 한지는 그 자체로도 멋스러움과 과학이 숨겨 있는 친환경 재료이다. 빛과 온도, 습도에 대한 자연조절 기능을 가진 한지를 현대적 감각과 접목해 새로운 벽지 개념을 만들어 현대 건축에도 활용 가능한 제품들이 출시되고 있다.

더 나아가 현대인들의 지친 심신의 피로를 덜 수 있도록 자연에서 얻은 소재를 이용해 불면증 예방과 환경 친화적 한지는 자연의 색과 향기를 덧입고서 황폐해진 우리의 주거공간에 다시금 찾아왔다. 자연에서 얻은 방법으로 만들어진 우리의 한지는 그 자연적 조절기능으로 오늘날 그 진가를 발휘하고 있다.

한지의 장점은 여러 가지 검증에서 그 효능이 입증되었다. 한지는 항아토피성 성분이 있는 닥나무를 주원료로 한다. 닥나무에서 아토피성 발현 물질을 저해하는 성분 검출이 다량 함유된 것도 벽지뿐이 아니라 창호에서도 그 효능을 발휘하기 때문이다. 항균성, 음이온, 원적외선 방출, 보온성이 뛰어나 겨울에도 차갑지 않고 포근하며, 습도가 조절이 되어 비염이나 건조한 피부에도 좋다. 그리고 좋은 빛을 흡수해 눈이 피로하지 않고, 차분한 분위기도 한몫을 하며, 인체에 무해하고, 통기성, 탈취성이 좋아 환기가 잘되는 것도 특징이다.

고가의 에너지 시대를 살아가면서 앞으로는 단열성과 웰빙의 요구에 따르며, 전통창호의 멋과 품격에 어울리는 목재창호의 개발과 연구가 더 절실한 시점이다. 새로운 시대에 적합한 디자인과 기능을 갖춘 모던하면서도 현대인의 생활에 편의성을 추구한다면 창호의 시장도 더 넓어질 것으로 본다. 이러한 과제를 풀어나가야 할 사람들이 바로 현장전문가들이다. 이젠 우리가 발 벗고 나서야 할 때다. 전통의 기법을 더한 기술을 활용하되 현대적 생활에 불편함이 없는 퓨전 스타일의 창호를 만들어야 하겠다.

3

전통 건축에 관한
공부를 하다

목수 일로만 수십 년을 살아오면서 나만이 가지고 있는 한옥에 대한 지식이 얼마나 될까를 늘 생각했다. 그래서 끝없이 공부했다. 알면 알수록 궁금한 것이 더 많아지고, 깊이를 알수록 더 많은 것들이 책을 펼치게 하고 궁금증을 유발해 시간이 허락되는 날에는 고궁으로 달려간다. 특별히 관심이 많은 영주 부석사도 여러 차례 다녀왔다. 관련서적을 탐독하고, 견본을 만들면서 선조들의 지혜를 엿보기도 한다. 그뿐만이 아니라 육각정도 모형제작을 해 전시회에 출품도 했다. 세 칸 한옥을 기본틀로 해 교육용으로 활용도 했다. 제작과정은 대부분 수작업으로 재연했으며, 그 작품은 지금도 사무실에 보관하고 자주 접하면서 다음 작품을 만들 때 참고자료로 활용하고 있다.

일본과 중국 등에도 한옥과 흡사한 형태들이 있으나 한옥의 다른 특징이라면 온돌과 마루의 조합이 가지는 내부 구조의 특이성이다. 한옥을 한옥답게 자연과 가깝게 짓는 점도 독특한 방법이다. 건축재료도 목재와 흙, 자연석 등으로 가까운 자연에서 쉽게 구할 수 있는 것이라서 한옥은 허물어도 다시 자연으로 되돌아가게 되니까 환경을 거슬리는 게 없다.

현대주택의 공법에 비교하면 엄청난 비용의 차이를 느끼게 된다. 콘크리트나 철강재, 유리 기타 신공법의 건축 재료들은 화석연료로 1,300℃가 넘는 고온에서 생산한 것이라서 환경오염의 주원인이다. 물론 수요에 맞추어 공급을 하려니 대량생산 체제로 산업화된 재료들이다. 그런데 건축의 수명에서는 전통 건축이 훨씬 더 오랫동안 쓸 수 있는 것만 봐도 친환경적인 건축을 우리 선조들이 해왔다는 것을 확연히 알 수 있다. 또 산 중턱에 지으면서도 주변경관을 훼손하지 않는 선조의 안목과 지혜를 아직도 여러 곳에서 볼 수 있다.

지붕 형태도 다양하다. 평면에서나 정면에서 볼 때 여덟 팔八자 모양을 한 팔작지붕이 있고, 양면이 박공의 형태로 구성 된 맞배지붕과 우진각지붕이 있다. 팔작지붕은 맞배지붕과 우진각지붕의 혼합형이라고 봐야 한다. 한옥韓屋은 전통 한국 건축 양식을 사용한 재래식 집을 말한다. 배산임수背山臨水의 의미를 담고 집터를 결정한다. 산을 등지고 물을 바라보는 뜻이며, 산의 음기와 물의 양기가 맞닿는 자리를 선택해 집터로 결정했다. 풍수지리설에서 주택이나 건물을 지을 때 가장 이상적인 것으로 여겼다. 뒤로는 산을 등지고, 앞으로는 물을 마주하는 것이 보통이다.

마루가 있어서 여름을 시원하게 나게 하며, 구들장으로 방바닥을 데

워서 겨울을 따뜻하게 지낼 수 있도록 구성되었다. 이와 같이 냉난방의 기능을 모두 갖춘 한옥의 조건에는 기둥은 목재를 사용해야 하고, 벽체는 황토나 흙으로 되어야 하며, 지붕은 기와를 이어야 한다. 그 외에도 초석은 자연석인 돌을 사용하며, 재래식의 구들이 있어야 한옥으로서 모습을 제대로 갖추었다고 할 수 있다. 이와는 다르게 현대식 건축공법과 신소재로 시공한 집은 '양옥' 또는 현대주택이라고 한다.

요즘 공부하는 건축과 생도들이 전통 건축 답사지로는 부석사, 수덕사, 봉정사, 무량사, 법주사, 그리고 서울 시내에 가까운 곳에 위치한 고궁 5대 궁궐(경복궁, 창덕궁, 덕수궁, 창경궁, 경희궁)을 답사지로 고르며, 현대 건축의 볼거리는 '경기도 파주시 헤이리'를 선택한다.

한옥의 특징 우리나라 전통 문화에 대해서 이야기할 때 여러 가지 떠오르는 것이 있다. 한옥은 우리나라 전통가옥으로 선조들의 지혜로움이 담겨 있다. 자연과의 조화로움을 중시했다. 우리 선조들은 주거 공간을 단순히 잠을 자고 식사를 하는 공간만이 아닌 자연과 함께 공존하는 공간으로 생각했다. 뒤로는 산을 등지고 앞으로는 물이 흐르는 곳에 집을 지어 자연경관을 음미했다. 특히 정자는 사색을 즐기고 풍류를 즐기며 또 나라의 안위에 대해 이야기하는 곳이다. 하지만 단순히 여기에 그치지 않고 정자를 통해서 자연을 바라보고 즐기고 받아들이는 사색의 공간으로 삼았다.

또 한옥을 짓는 재료 모두 자연에서 오는 것을 이용했다. 벽은 흙을 이용해 벽체를 만들고 소나무를 이용해 기둥을 세우고 지붕을 올리고 문에는 한지를 발랐다. 이러한 자연의 재료들을 이용함으로써 너그러움과 소박함이 담긴 우리만의 한옥을 지었다.

소통하는 공간에도 많은 비중을 두었다. 예로부터 선조들은 마을공동체 생활을 했기 때문에 마루_{대청}는 열린 공간으로, 마당은 큰 대소사가 이루어지는 공간으로 사용했다. 마당의 경우 안마당은 집밖과 단절되었을 뿐 집안에서는 대가족이 소통하는 공간으로 활용이 되었다.

온돌과 마루는 한옥에서 빠질 수 없는 큰 특징이다. 아궁이에 불을 때면 방의 구들장을 데워서 온도를 올리는 방식이고, 마루는 땅바닥과 거리를 두어 습기를 멀리해 부패를 방지하는 기능을 감안해 설치했다. 온돌은 실내에서 직접 불을 피우지 않기 때문에 안전하고 유해한 물질이 발생하지 않도록 했으며, 방 전체를 데우는 데 온돌을 덥혀서 밤새 온기를 보전하는 축열방식의 난방 시스템은 선조들의 지혜에서 비롯되었다. 한옥에서 온돌 덕분에 추운 겨울을 따뜻하게 보낼 수 있는 것처럼 더운 여름에는 마루 덕분에 시원하게 날 수 있다.

또 마루가 있는 집은 그래도 여유가 있는 집에서 채택했다. 어린 시절 동네에 대청마루가 있는 집은 두 채뿐이었다. 마루에서 온 가족이 모여서 식사도 하고 가족들이 많은 소통의 시간을 보내는 공간이기에 대청마루재는 특별히 구조적인 면도 검토해 짜맞춤 했고, 마루 밑에도 동바리를 추가로 해 처지는 것도 막았다. 대청마루 앞에는 댓돌을 놓아 신을 올려놓고 손님이 오면 안주인의 예의를 표하기도 했다.

한옥은 꾸준히 변형되고 발전됨에 따라 시기적 특징이 다르지만 모든 사람들이 똑같은 집에 살았던 것은 아니다. 하층민들은 주변에 쉽

게 구할 수 있는 재료들로 실용성을 강조한 집을 지었고 부유층은 기능적인 부분에 더불어 시각적인 아름다움도 강조했다.

또 지역마다 기후도 달라 날씨나 위치에 따라 한옥의 건축방식이 다르다. 추위가 잦은 북부 지방의 경우 외풍을 막아내고 보온을 유지하기 위해 방을 두 줄로 배열하는 겹집구조로 짓고, 지붕은 낮게 만들었다. 추운 날씨 때문에 마루가 없고 방들이 서로 붙어 있는 것도 특징이다.

반대로 더운 남부 지방의 경우는 자연 바람이 통할 수 있도록 방을 한 줄로 배열하고 지붕을 높게 올렸다. 대청마루는 넓게 두고 창문과 방문을 많이 만들어서 더운 여름에 바람이 잘 통하도록 개방적으로 지은 것이 특징이다.

제주도 같은 섬 지역은 바람이 거세고 비가 잦아 지붕은 낮고 집채의 외벽은 돌로 감싸서 지었다. 또 지붕이 바람에 날려가지 않도록 밧줄을 이용해 지붕을 감싸서 엮어 덮었다. 기후는 따뜻한 편이라 온돌 시설을 따로 설치하지 않았다.

한옥의 고급스러움과 아름다움에도 불구하고 현대 사회에 한옥을 이용하기에는 여러 문제점들이 있다. 과거에 비해 냉난방을 조절하는 문제나 화장실 문제들은 많이 해결됐지만 한옥과 같은 기와지붕의 구조적 문제가 있고 가장 큰 문제는 시공 비용이다. 공사단가는 일반 집과는 차이가 커서 한옥을 지을 때는 많이 고민한다. 하지만 최근에는 밖에서 보이는 외형만 목재를 이용해 한옥처럼 짓고 내부는 콘크리트를 이용한 신한옥이 개념이 도입되는 시도를 보이고 있다. 그리하여 시공단가도 많이 줄이고, 단열 성능, 현대인들의 생활 패턴에 맞추어진 평면 구성의 새로운 개량형 한옥이 다각도로 시공되고 있다.

한옥의 미美, 한국의 선線, 한국의 색色은 우리 전통문화에 관심을 갖고 배우고자 하는 사람들은 대다수 유려하게 뻗어 있는 한옥의 처마를 보며 '아름답다'라고 말한다. 그러나 이렇듯 매혹적인 자태의 처마가 단순한 미학적 이유보다 사계절의 채광을 치밀하게 계산한 선인들의 과학과 깊은 지혜가 숨어 있는 것을 생각해야 한다. 눈으로 보이는 외형적 아름다움은 한옥이 갖고 있는 진면목眞面目의 작은 일부일 뿐이다. 한옥은 그곳에서 살아왔던 사람들, 즉 한국인을 닮은 집이다. 그 집안에는 한국인의 체취가 고스란히 남아 있다. 검은 기와에 황토색 흙벽, 하얀 회칠, 자연을 마주한 창문들 그리고 처마는 밧줄을 늘어뜨린 것처럼 자연스런 곡선이라 심미적으로 수려하고 편안하다.

눈이 내리면 가장 먼저 떠올리는 것이 있다. 눈 쌓인 고향의 앞 동네에 기와집을 상상하게 된다. 어린 시절 나의 고향에는 기와집이 두 채가 있었다. 눈에 잘 어울리는 건축물은 역시 한옥이다. 한옥 기와 위에 쌓인 눈은 모양에 따라 자연 그대로의 물결이 된다. 겨울은 겨울답게, 가을엔 낙엽이 암키왓장의 골짜기에 소복이 쌓여 형형색색의 자태를 보이며, 계절에 맞는 옷을 갈아입으면서 자연과 함께 세월을 담아간다. 장독대 위에 소복하게 쌓인 눈은 따뜻한 정이 넘쳐서 보는 이들을 미소 짓게 했다.

돌담 위에 앉은 눈이 만들어낸 풍정은 상상만으로도 충분하다. 도시에서 눈이 오는 날엔 한옥과 눈이 가장 잘 어울리는 남산골 한옥마을 찾는다. 도시생활에 찌든 사람일수록 그러한 마음이 더 간절할 것이다.

카메라 하나 들고 남산으로, 경복궁으로 발길을 옮겨다니면 오래전의 추억들이 스쳐지나간다. 시골의 장독대도 연상이 된다. 소복이 쌓여 있는 하얀 눈만 상상해도 동심으로 돌아간 듯한 기분이 든다.

한옥은 바람과 햇빛을 받아들여 이용하는 데 매우 뛰어난 가옥구조를 자랑한다. 집 밖과 집 안에 그 비밀이 있는데, 집 밖에서는 자연 지세에 맞춰 집을 짓는 풍수지리가 그 비밀이다. 집 안에서는 바람이 지나는 길을 최대한 살린 배치구도가 그 비밀이다. 둘을 합해보면 이렇다. 바람도 자동차처럼 다니는 길이 있는데 그 길목에 집을 지으면 집 안에는 항상 시원한 바람이 오간다. 햇빛도 바람과 같이 늘 다니던 길로만 다닌다.

물론 겨울에는 바람을 피하고 여름에는 햇빛을 피하는 상식쯤은 가장 잘 지키는 지혜로운 집이 역시 한옥이다. 바람은 여름에 유리하고 햇빛은 겨울에 유리하니 한옥을 친환경 주택이라 부르는 주된 이유이기도 하다. 추사고택 안채에는 두 채의 구옥이 있다. 두 채의 중간에는 너른 마당이 있어서 그 역할을 담당했던 것이다.

한옥은 선을 중시한다. 내가 주장하는 오색의 선에 대해서 풀이를 해보면 다음과 같다. 베풀 선, 착할 선, 고울 선, 줄 선, 부채 선 등이 있다. 나름대로 한옥에 비유하면 음악에서와 같이 오선지에 선율을 맞추듯이 한옥만의 선율을 표시해도 무리가 아니다. 베풀 선宣, 착할 선善, 고울 선鮮, 줄 선線, 부채 선扇 등의 다섯 가지의 선에 담겨진 내용을 정리하면 다음과 같다.

한옥은 오선지다 _유광복

베풀 선은 어머님의 모성애와도 같은 포근한 마음이 담겨 있다.

착할 선은 변하지 않는 순진무구한 동심을 고스란히 담고 있다.

고울 선은 새색시의 옷고름처럼 단아한 보습을 담고 있다.

줄 선은 처마와 지붕선이 지닌 지루하지 않을 정도의 기교도 없는 자태이다.

부채 선은 지붕모서리가 부챗살 모양의 형태로서 웅장함과 시원함을 모두 가지고 있다.

이렇게 한옥의 곡선과 자태를 바라본 시선을 다섯 개의 선으로 비유를 해보았다. 한옥만이 가지고 있는 정서와 품격을 보전하고 관리하는 것도 우리의 몫이다. 한옥은 나이가 들면서 우리의 삶같이 모질게도 참아내고 인고의 세월을 이겨내고 견디며 영글어간다. 그래서 한옥은 새집보다는 구옥이 더 아름다운 이유이기도 하다. 우리의 인생살이처럼 연륜이 묻어난 것과 같다.

4

현대 건축에 대해서도
공부를 하다

나이가 들어서 공부를 한다는 것은 조금 다르다. 일반적으로는 대학 입시 때에 부모와 가족 간에 협의와 절충을 거쳐 전공을 선택을 하는 경우가 대부분이다. 하지만 수십 년 동안 사회생활을 하다가 직업상 필요해서 공부하는 과목이라면 절박한 심정으로 열중하게 된다. 사회생활에서 잘 몰라서 불편을 겪었던 것을 전공으로 선택하는 것이니 당연한 일이다.

얼마 전에 서울대 관악캠퍼스에서 나를 불렀다. 의무교육이라고는 초등학교가 전부이고 검정고시로 대입 자격을 얻었고, 대학은 학점은 행제를 이용해 국가평생교육원에 등재된 건축공학사 학위가 전부인데 현장전문가를 찾다가 나와 연락이 닿았단다. 얼마 전 "서울대학교 NCS목공전문위원"이라는 직책으로 업무를 보고 왔다. 꿈에도 생각하지 못했던 일들이 현실이 되고 있다.

국내에 많고 많은 목공전문가들이 있는데 서울대에서 왜 나를 찾았나 보니 내 업무가 국가기술 신자격팀에서 따로 있었다. 특기는 도면작업이 가능한 캐드활용자 중에서 선택이 되었고, 또 과세물에 대한 테스트 등도 가능한 현장전문가로서 현장에 오랫동안 몸담고 있던 경험자만이 풀어낼 수 있는 그런 일들이었다. 많은 분들이 좋은 교육환경에서 퀄리티 높은 교육을 받았는데도 캐드와 관련된 도면작업이 가능하면서도 목공 분야의 경험이 풍부한 사람이 바로 나였기에 선택했을 거라고 생각한다. 필요한 공부를 했고 내가 원했던 국가기술자격증도 취득했고, 또 그 분야의 과목에 전국대회 메달리스트가 되었으니 못 배우고 굶주리던 시절에 비춰보면 참 많이 변한 셈이다.

　나 같은 예에서 보듯 지금은 공부가 모든 것을 해결해주는 그런 시대가 아니다. 그러니 요즘 젊은 학부모들의 의식이 변해가는 것도 당연한 이치라고 본다. 만일 내가 현장 일꾼처럼 못 주머니만 차고 일했다면 지금처럼 나를 찾지 않았을 것이다. 누구나 자신을 갈고 닦아 몸과 스펙을 만들고, 더 나아가 브랜딩이 된다면 이 분야에서는 나름 경쟁자가 없을 정도의 위치에 올라설 수 있다. 나로서는 아직도 할 일이 많다. 공부도 더 해야 하고 60세 이후 목표로 하는 대한민국 명장에 도전하기 위해 오늘도 학습을 게을리하지 않고 있다. 오늘도 자신에게 다짐을 하면서 기술서적과 관련 외국서적도 들춰보곤 한다. 우리나라는 특히 학벌을 중시하는 사회구조로 되어 있어서 모든 부모가 나는 못 배웠어도 내 자식만큼은 잘 가르쳐서 고생을 덜 하는 직업을 갖기를 갈망한다. 그런데 최근에는 그런 의식이 무너져가는 현상을 보게 된다.

　얼마 전 15살짜리 중학생이 부모님과 함께 기술교육 상담으로 내방

한 사례다. 이 학생은 공부가 싫어서도, 왕따로 학교 가기 싫어서 온 것도 아니다. 이제는 기술자가 우대받는 사회라고 가족이 이른 판단을 내려서 상담하러 온 것이다. 중2학년에 불과한 학생이 목공기술을 익히고 자격증 준비도 하면서 미래직업을 지금부터 준비를 하겠다고 하니 참 대단하다는 생각이 들었다. 내가 목공을 시작한 14살때는 어쩔 수 없는 상황었지만 요즘 그런 결정에 따르는 아이를 보니 대견했다.

나는 그때 방문하신 부모님에게 내가 밟아온 과정을 설명하고 현재는 학생 본인이 스스로 찾아서 공부할 수 있는 제도가 잘 되어 있으니 걱정 안 하셔도 된다, 아이가 지금부터 목수가 되기 위한 과정을 밟게 되면 앞으로 어느 친구 못지않게 훌륭한 직업인이 될 거라고 말씀드렸다.

요즘에는 목수가 실력을 높이려면 디자인 공부도 필수다. 미리 다양한 디자인툴도 공부해두면 그 효력은 훨씬 더 크다. 디자인 과정에는 엔지니어링툴과 디자인툴 두 가지가 있는데 둘 다 필요한 과목이다. 현대 사회는 목수에게도 멀티플레이어가 되기를 요구한다. 대학과 교육제도도 그에 맞게 인재를 양성할 목적과 필요가 있으니 서서히 개편되고 조정하게 될 것이다.

교육열로는 세계적으로 최고라는 우리나라지만 유럽 선진국처럼 우리도 언젠가는 도제방식과 수공업을 존중하는 환경이 될 날도 그렇게 멀지만은 않은 것 같다. 사회의 변화가 빨라지고 첨단사회로 달려갈수록 오히려 그 여건도 무르익고 있기 때문이다. 서구 유럽의 교육과 독일의 마이스터 제도는 우리나라에서도 눈여겨보고 있는 벤치마킹 대상이다. 현행 우리나라 실업계고등학교의 "선 취업 후 진학"의 제도도 이를 따른 사례라고 볼 수 있다. 고등학교 졸업자를 대상으로 먼저 일자리를 찾아 취업으로 선도하고 그 후에 병역혜택이나 대학으로 진학할 때 교육비를 지원해주는 시스템은 바람직한 사회로 가는 길이다. 현장에 취업해서 부닥치고 쌓은 경험으로 미래의 진로 등을 결정하고, 공부는 선택적으로 정부 지원 아래 업체와 연계하여 야간대학을 보낸다든가 하는 것이다. 무엇보다 자기의 진로를 이미 현장의 경험으로 판단하고 시작하는 공부야말로 내실 있게 하는 공부가 되지 않겠는가 생각한다.

나는 뭔가 한 가지 목표를 설정하면 끝까지 물고 늘어지는 유형이다. 하고 싶은 것, 궁금한 것도 꼭 알아야 속이 풀리는 성격이라서 지금까지 과정을 보면 시작한 것을 중간에 포기하거나 미룬 적이 별로 없다. 이번에도 새로운 목표를 세우게 된 것이다.

책을 쓰겠다고 다짐했다. 처음에는 '과연 내가 글을 쓸 수 있을까?' 하는 의구심이 계속 압박하는 것을 떨치려고 노력을 했다. 일상생활 중에 한가할 때 글을 쓰면 되겠지 했지만 한편 생각해보니 과연 그렇게 여유로운 시간이 생기게 될까 싶다. 내가 직접 하지 않으면 안 되는 강의 프로그램으로 짜여 있는 일정만 해도 편하게 글 쓸 시간이 나올 것 같지 않아 고민이다.

빼곡한 스케줄을 소화하면서 따로 내 시간을 내어 글을 쓰거나 여유로운 휴식을 취하기에는 너무 빠듯한 일정 속에 살고 있다. 물론 할 일이 있다는 것만으로도 행복한 일이다. 요즘 바쁘다고 하면 축복받은 사람이라고 한다. 흔히들 100세 시대라고 하는데 100세까지 아무 할 일도 없이 사는 인생이야말로 불행하기 짝이 없지 않은가.

5

인테리어 디자인을 배우다

인테리어에서 가장 중요한 것은 디자인이다. 디자이너들이 현장에 무지한 경우 도면의 가치는 떨어진다. 도면이란 어느 누가 작업을 해도 동일한 결과물이 나와야 하는 설계도다. 평면도에 표기된 사항들이 있기도 하지만 측면도나 단면도에 좀 더 상세하게 표기하기도 한다. 평면도는 바닥면에서 1m정도의 높이에서 절단된 단면을 표기했다고 보면 된다. 단, 화장실이나 보일러실의 FAN은 예외로 높은 위치에 있는 것을 나타낸다. 단면도는 바닥, 벽체, 천장 등의 좀 더 상세한 부분을 보여주기 위해 별도로 재료의 설명과 노트를 해준다.

우리나라의 디자인 수준은 세계적인 수준으로 인정받는다. IT강국인 점도 있지만 인테리어 디자인에서도 두각을 나타낸다. 각 업체의 홈페이지에 방문하면 사실에 가까울 만큼 놀라운 실력을 만나게 된다. 내가 프리폼 디자인에 관심이 있는 건 비정형건축을 좋아해서다.

목수가 왜 이렇게 어려운 분야에 접근을 하게 되었을까? 유별나게도 남들이 손대지 않는 것에 대해서 먼저 관심을 갖게 된다. 이때만 해도 대학학력이 없던 때인데 전국의 건축과로 유명한 명문대학의 학생들이 총집합한 과정에 함께하게 됐다. 다른 점은 재학생들은 수강비용을 80%를 지원을 받는데 나는 자비로 수강했다.

기본적으로 컴퓨터 운용능력이 필요했고, 그중에서도 디자인의 필수항목인 캐드를 기본교육으로 2D, 3D의 모델링이 가능해야 수강이 되는 전문성을 요구하는 과정이다. 주로 다루는 툴로는 캐드, 맥스, 라이노, 스케치업, 일러스트레이터 등으로 현업에서도 전문가들이 다루는 것들이다.

이 정도의 교육에 참여하는 수강생들은 건축과에서도 졸업과정에 공부도 하면서 졸업 작품을 하는 경우와 일부 대학원생들이었다. 대학생들도 중도 포기할 정도로 수준도 높고 고도의 집중을 요구하는 교육 프로그램이었다. 다행히 요즘은 다루기 간편한 프로그램들이 많이 개발이 되어서 전문가가 아니어도 다루기 편리한 툴이 다양하게 출시되고 있다.

카페에서도 호텔에서도 예식장에서도 전문가의 눈은 모든 사물을 예사롭게 보지 않는다. 이것이 직업인의 특성이다. 시대 흐름에 맞추어 소재도 변해가고 있기에 항상 공부하면서 그 물결에 따라가야만 한다. 재료의 물성도 깊이 있게 알아두면 도움이 된다. 그에 따른 시공기술도 변모하고 주변과의 매치도 고려하면서 선택을 해야 한다. 생활공간에 필요한 자재와 업무공간, 영업장소에 필요한 자재가 따로 있다. 적재적소에 알맞은 재료가 최고의 재료지 모든 재료 중에서 값이 비싸다고 고급재료가 되는 것은 아니다. 게다가 요즘은 소방법이 강화되면서 재료의 선택에 제한적인 면도 있어서 신중하게 고르면서 주변과의 조화를 감안해야 한다.

공정의 중요성을 파악해 현장관리를 잘하는 것도 중요하다. 건축현장에서 활용되는 건축공사비 쌍곡선이라는 그래프가 있다. 이 도표에는 현장에 투입되는 비용의 지출에 대한 그래프인데 직접비와 간접비의 내용을 잘 나타내고 있다. 시공에도 만전을 기해야 하고 공정관리도 각별히 신경을 써야 할 부분이다.

현장에서 벌어지는 돌발적인 상황에 잘 대처하는 것도 공사의 일정관리 그리고 공사이윤에 지대한 영향을 끼친다. 그리고 지켜야 할 행정규범이 있다. 현대적 인테리어는 소방법이 엄격하다. 꼭 지켜야 할 필수과제이기도 하다. 소방법은 지자체별로 약간의 차이는 있으나 전체적인 범위는 대동소이하다.

현장에서 소통은 필수이다. 공사 진행을 하다 보면 소통부재로 문제점들이 빈번히 발생된다. 현장에서 진행 중에 도면에 표기되어 있거나 구두로 결정된 마감재나 기타 업무에 대해서도 시공 과정에서 돌발적인 상황은 피할 수 없고 극복해야만 하는 과정이다. 이럴 때도 빠른 해결책은 소통보다 더 좋은 방법은 없다. 그보다도 더 좋은 방법은 미리 소통하고 사전에 조율하는 것이다. 시공 중에는 간혹 석연치 않은 일들이 생기기 마련이다. 경험으로 보면 그럴 때는 사전에 검토해 체크하고 정리된 다음에 작업하면 공기도 잘 지키면서 현장을 매끄럽게 마무리할 수 있다.

시공도 중요하지만 사후서비스도 신경 써야 한다. 신축공사나 인테리어 공사 대부분은 애프터서비스를 어떻게 처리하느냐에 따라 업체의 생존이 좌우되기도 한다. 애프터서비스는 항상 발생 가능한 요소다. 시공 딩시 아무리 잘 챙기고, 꼼꼼히 손봤어도 입주하고 나면 사소한 것부터 연락오기 마련이다. 하물며 입주 중에 이삿짐으로 생긴 흠집도 연락이 오면 해결해주는 일도 다반사로 일어난다.

시공하면서 리스크를 줄이는 여러 가지 방법도 있다. 언뜻 사소하게 보이는 철물 하나가 몇 번이고 다시 매달리게 되는 경우를 경험한 적도 있다. 특히 수납장이나 서랍의 장식은 그 가격에 비해 고객 만족도는 대단히 중요하다. 원가로만 판단하면 답이 나오지 않는 일이다. 다시 생각해보면 며칠 후 그 장식과 철물 때문에 불려간다면 당시에 보였던 장식 값은 이미 수십 배에 달하는 금액으로 변해 있지만 그것으로 끝나는 것도 아니다. 그것 때문에 소통 문제 등 소비자의 번거로움도, 작업 중에 급하게 불려 다니는 업무상 불편도 나오게 되니까 애초 그런 일이 발생 안 되게 신경을 써야 한다.

신축공사의 문제점은 방수와 설비의 하자요인이 가장 많다. 인테리어 공사를 매듭짓고 나면 종종 발생하는 몇 가지의 항목들이 있다. 위에서 언급한 가구나 문짝이 변형되거나 입주청소 후 제자리에 세팅이 안 되어서 불편한 내용과 전기와 조명설비, 그리고 인터넷과 관련 된 통신문제 등도 있으며 하수도의 물 빠짐 상태도 요인 중에 하나이다.

입주 후 일정 기간이 지나면서 발생할 소지가 있는 것으로는 문짝이 대부분이다. 다른 것에 비해 문짝은 반복적으로 사용하는데 변형될 수

현장에서 소통은 필수이다.

시공 과정에서도 돌발적인 상황은 피할 수 없고 극복해야만 하는 과정이다.

이럴 때도 빠른 해결책은 소통보다 더 좋은 방법은 없다.

그보다도 더 좋은 방법은 미리 소통하고 사전에 조율하는 것이다.

도 있어서다. 그러기에 지금까지 나열된 항목들 중에서 빈도수가 높은 항목은 각별히 신경써야 한다. 애프터서비스에 사전 대비책으로 한 번 더 체크하고 점검하면서 소비자의 불편에 만전을 기하는 것이 나만의 철학이다. 소비자의 심정은 별반 차이가 없다. 시공을 잘해 불편이 없어도 소비자는 당연한 것으로 알고 있다. 하지만 하찮은 일로 소통이 막히는 순간 소비자와 업체 사이에 걷잡을 수 없을 만큼 불신이 커지게 되면서 그동안 가졌던 신뢰감마저도 사라지는 관계로 변해버린다.

이렇게 되면 악순환이 계속된다. 세상을 살다 보면 입소문은 상당히 영향을 준다. 사람을 소개해주는 일도 알고 보면 모두 입소문에서 나온 거다. 소개를 한다는 것은 책임이 따르는 신중한 선택이다. 이런 일을 경험하게 되면 나의 기술력에 대해서 자부심만 갖고는 안 된다. 모든 일을 사전에 최선을 다하고 현장에서 일을 시작하면 철저히 집중해 사고하는 것만이 많은 사람들에게 보답하는 길이라는 마인드로 시공하면 결과도 만족스럽게 된다. 내가 지금껏 해왔던 일을 돌이켜보며 부족한 점은 무엇인지를 자문해본다. 더 나아가 내 손끝에서 묻어나는 것들이 사회에 건전하게 활용되기를 기대하면서 내 몸의 중심이 흐트러지지 않는 그날까지 감사하는 마음으로 일해야겠다.

오늘도 새로운 아이템을 구상한다. 아직도 인테리어 분야에는 블루오션이 많이 남아 있다. 최근엔 셀프인테리어에 관심을 가지고 기술을 습득하는 사람들이 있다. 그 사람들을 대상으로 콘텐츠를 개발해 그 수요를 흡수하는 방법도 있다. 그 외에도 전체공사보다는 부분작업을 요구하는 시대가 도래했다. 주방공사, 욕실공사, 베란다 공사, 창호공사 등 기본적인 부분은 손대지 않고 일부분만 수리하고자 하는 소비자들이 있는 것이다. 지금까지 나열한 항목 외에도 다른 아이템이 있다. 그 콘텐츠는 꽤 큰 소비자들이 기다리고 있지만 그런 기술들은 우리처럼 현장전문가만이 처리가 가능한 것들이다. 쉽게 말하면 단순기술로는 어렵다는 것이다. 목공과 설비의 복합기술로 융합형의 모델이어야 가능하다.

프랜차이즈의 역사에 대해 알아두면 많은 도움이 된다. 'F&C'로 불리면서 주변에서 쉽게 발견할 수 있는 체인방식이며, 기본매출과 보장성을 신뢰해 많은 이들이 이용하고 있다. 가맹본사가 상표, 상호, 상품의 공급, 영업권한을 가맹점에 부여하는 구조이고, 이를 통한 영업이익을 상호 일정액을 배분하는 방식으로 운영되는 형태다. 이 항목은 인테리어와는 뗄 수도 없는 필수불가결의 관계다. 지금도 나의 머릿속에서 구상해 다듬고 있는 프랜차이즈 모델이 두 개가 있다. 조만간 세상에 모습을 드러낼 날이 있을 것이다.

6

프리폼 설계|Freeform Design

국내에서 프리폼 디자인Freeform Design을 공부한 사람들은 그 수를 헤아릴 수 있을 정도로 많지가 않다. 프리폼이란 단어의 뜻 그대로 자유곡선형 디자인이다. 즉, 이중 곡면이란 뜻이다. 다른 말로는 복곡면이라고도 한다. 비유를 하자면 아파트의 곡선형 발코니창은 단곡면 형태이다. 복곡면은 지구본처럼 둥근 모양을 가리킨다. 또 다른 표현으로는 롤케이크처럼 단방향이 아니고 달걀의 표면처럼 양방향이 커브로 이루어진 형태이다.

서울의 프리폼 건축으로는 D.D.P가 대표적인 현대식 프리폼 건축인데, 규모가 연면적 86,574m²(지하3층, 지상4층, 최고높이 29m)이고 건립기간은 2009년 4월 28일~2014년 3월 21에 걸쳐 완공되었다. 그리고 요즘은 관공서 건축도 이러한 디자인으로 설계해 각 지자체별로 랜드마크화를 시도하기도 한다.

내가 프리폼 건축을 배우게 된 시기는 2007년이었다. 그 당시 홍대 입구에 소재한 프리폼연구소에 등록해 수업에 참여했다. 이곳에서 건축과 공학도들과 함께 많은 것들을 배웠다.

비정형건축의 디자이너로는 여러 명이 있는데 세계적으로 대표적인 건축가 두 명이 있다. 그 당시에 세계적으로 유명한 프리폼 건축의 프랭크 게리Frank Owen Gehry, 1929. 2. 2~/캐나다와 자하 하디드1950. 10. 31~2016. 3. 31/이라크가 활동하던 시기이다. 현재 완성된 동대문역사문화공원은 국제 현상설계에서 당선된 작품이 자하 하디드의 작품이다. 빌바오 구겐하임 미술관은 스페인 바스크주 빌바오시에 황폐해져 가는 공업지역에 문화적인 콘텐츠를 모색하던 스페인 정부와 투자를 허락했던 미국 뉴욕의 구겐하임재단이 만들어낸 걸작이다. 경기침체로 쇠락해져가는 공업도시를 랜드마크화해 관광지로 구상하면서 설계자로 프랭크 게리가 선정되면서 설계했고 시공도 참여한 작품이다. 프랭크 게리는 미국의 디즈니랜드 등 대표적인 작품들이 미국에 많이 있다. 외국의 사례를 거울삼아 서울의 D.D.P도 그런 취지에서 출발하게 된 것이다. 디자인 트렌드가 시작되고 문화가 교류하는 공간이 바로 서울 한복판에 있는 D.D.P이다.

건축에 관해 완성된 건축물을 참관하러 다닐 때 파주의 헤이리를 가기도 하지만 서울의 논현동, 역삼동 주변에도 멋진 현대식 건축물들을 만날 수 있다. 서울 한복판에도 특이한 건축이 등장하는데 대표적인 것이 서울시청 신청사이며, 모티브는 한옥의 처마선이라는 콘셉트로 출발했다. 이외에도 서울시에서 박스형 네모 형태의 건축보다는 유기적인 디자인을 권장해 최근에 건축되는 대형건물들도 프리폼 건축으로 발전되는 과정이라고 본다.

　전국의 각 지자체 별로 특징을 가진 건축을 세워서 그 지역만의 독특한 이미지를 부각시키고자 디자인에 노력을 쏟고 있다. 하지만 국민과 지자체의 기금으로 건립되는 관공서에 많은 비용이 투입되는 현상은 바람직한 방향은 아니라고 본다. 비정형 건축의 비용은 상대적으로 고가의 건축비용을 부담해야 한다. 과거의 모더니즘 건축은 실용주의에 주안점을 두고 디자인보다는 실용성과 장기적인 안목으로 효율성을 고려한 건축을 해왔다.

　그런데 최근에는 해체주의 건축가들이 등장하면서 실용성보다는 디자인을 우선시하는 경향이 강하게 나타나고 있다. 특히 사기업의 사옥이라면 몰라도 관공서의 건축은 지역주민과 민원인을 위한 실용성에 포커스를 맞추는 것이 이상적이라는 것이 나의 생각이다.

　현재 우리나라의 프리폼 건축으로 대표적인 것들이 있어서 소개한다. 먼저 2010년 인천 세계도시축전 기념관으로 건립된 트라이볼 건물은 유걸 건축가가 설계했다. 장방형의 호수와 같은 공간 위에 원뿔 세 개를 거꾸로 엎어놓은 형상이다. 샐러드볼과 같은 그릇 세 개가 상부에서 유기적인 형상으로 연결이 되는 구조이다. 넓은 내부 공간을 확보하기 위해 지붕은 트러스 구조로 되었으며, 이 공간에서는 전시회, 공연장 그리고 지역주민을 위한 문화행사의 플랫폼으로 활용이 되고 있다.

　외관에서 보면 긴장감이 감도는 형태이며 하단은 노출콘크리트로 되어 있으며 상부에는 알루미늄판을 아노다이징으로 특수처리한 외장재로 사용했다. 지붕도 알루미늄판으로 자연광이 없지만 환기시설이 지붕에 설치되어 있다. 인천 송도에 가볼 만한 곳으로 트라이볼을 소개해드리는 건 그냥 건축물이 아니기 때문이다. 센트럴파크 내에 위치하고 있는 트라이볼은 인천의 복합문화센터지만 그 지역을 대표하는 비정형건축의 차원에서 소개를 했던 것이다.

그 후 2012년에 완공된 서울 신청사도 건축가 유걸의 작품이다. 유별난 외관 때문에 대중에게 가장 많이 알려진 작품이며, 졸작 논란도 거셌던 작품이다. 설계 당시 초기계획보다 잦은 변경으로 고생을 많이 한 만큼 애착도 많이 가는 건축 작품이라고 한다. 발주처인 서울시의 의견도 수렴을 해야 하고, 사용자인 시청 직원의 의견까지 감안해야 했기에 설계를 많이 변경해서 처음 의도와는 다른 결과물이 나오게 되어 아쉬움도 있었으며 그 과정에서 채광이나 조망도 원하는 대로 할 수 없어 이중고를 겪은 셈이다. 세상에는 완벽한 것은 없다. 비평도 나오기 마련이다. 유걸 건축가는 현재 78세의 고령이다. 그런데 그가 50대 이후에 두각을 나타내기 시작해 노후에 진가를 발휘했으니 그야말로 대기만성형 건축가다. 그는 최근에도 지방의 주택을 설계하면서 노익장을 과시하고 있다.

앞서 거론한 사람은 프랭크 게리다. 프랭크 게리는 캐나다에서 가난한 집에서 태어났으며 할아버지는 철물점을 운영했었다. 그의 가장 유명한 건축 작품은 스페인에서 지어진 빌바오 구겐하임 미술관이다. 이 미술관은 외장이 종이가 뒤틀린 듯한 모습을 하고 있으며, "건축물은 조각이다"라고 유명한 말을 했던 해체주의의 대표 건축가이다. 해체주의는 실용성보다는 디자인에 중점을 두고 설계를 한다. 특정 사물을 형상화해 건축에 반영하기도 하고 미리 형태를 정해놓고 설계를 하는 역설계 방식을 채택하기도 한다.

역설계 방식이란 설계 데이터가 없고 샘플 또는 물건만 있을 경우 관련 제품 또는 피측정물을 CAD 데이터로 인식해 입체도면을 얻어내는 방법이다. 이런 과정을 다른 말로는 리버스 엔지니어링이라고도 한다. 역설계는 단순 정형화된 형상의 경우 3차원 측정기나 투영기, 버니어 등을 이용해 치수를 측정 후 설계할 수도 있다.

그리고 외장패널로 사용된 티타늄판은 비행기 기체의 외장판으로 사용하는 특수처리된 것으로 무게는 60톤가량이 소요되었으며 판의 수량도 30,300개로 고기의 비늘처럼 부착이 되어 있다. 두께는 0.3mm 정도의 박판이어서 바람이 불면 물결처럼 일렁이는 모습으로 나타나며, 바람의 움직임에 따라 자연스럽게 움직이며 매일 새로운 빌바오 구겐하임 미술관을 볼 수 있다.

내가 2016년에 가족과 함께 스페인 자유여행에서 놓치고 온 것이 큰 아쉬움으로 남아있다. 나는 미리 빌바오 구겐하임 미술관에 대한 정보가 있었지만 딸 녀석이 이미 일정과 장소를 설정해 티켓팅이 완료된 상태라 아쉽게도 일정에 반영하지 못했다.

프랭크 게리는 캐나다에서 출생해 미국으로 이민했으며 건축가로서는 기존 틀을 깨는 사람이었다. 철과 알루미늄 같은 구조물을 많이 활용하는 크레이티브한 특성을 보였다. 우리나라도 이런 건축물이 많이 지어지기를 바라지만 아직까지는 디자인보다는 실용성을 더 중시하는 풍조가 우세하다. 대부분의 뛰어난 건축가들은 젊었을 때부터 나이가 들어도 계속 활동한 것으로 알려져 있지만 프랭크 게리는 그의 유명한 작품 중 대부분이 한국의 유걸 건축가와 같이 60세가 넘어서 만들어졌다. 그는 1980년대 노벨상에 버금가는 '프리츠커' 건축상을 수상했으며 그는 여전히 위대한 건축가들 사이에서도 우상이자 전설로 여겨지고 있으며 현재도 전 세계를 누비며 왕성한 활동을 하고 있다.

해체주의의 두 건축 사조가 각자 한쪽으로 치우쳐 있는 것이 사실이다. 기능과 디자인 두 요소를 모두 만족하기란 아마도 불가능하다고 생각하는 것 같다. 우리나라에서도 프리폼 건축의 바람은 일어나고 있다. 벌써부터 현대건설은 실제 시공에서 구현이 힘들었던 비정형 건축물을 쉽고 빠르게 건설할 수 있도록 '비정형 엔지니어링 자동화' 설계 기술 개발에 성공했다고 한다. 비정형 건축물이란 기존의 네모반듯한 박스형 건물과 달리 자연스러운 유선형 외관으로 이뤄진 기하학적 건축물을 뜻한다.

하지만, 비정형의 특이한 형태를 실제 건축물로 구현하기 위해서는 설계에서 시공에 이르기까지 고도의 건축 기술을 필요로 하며, 초기의 계획에 비해 많은 시간과 비용이 소요되는 것이 단점이다. 현대건설은 BIM 설계 기술을 활용해 3차원 곡면의 여러 개의 좌표점을 제작하기 쉬운 최적의 지점으로 자동 생성하는 기술이라고 한다. 이번에 개발한 비정형 엔지니어링 자동화 기술은 현대건설이 자체 개발한 것이다. 향후 국내외에서 다양한 랜드마크 건축물 구현에 적극 적용할 계획이며 공기단축과 비용절감을 위한 연구도 겸해 세계 굴지의 비정형 건축업체들과 손을 잡고 미래 건축의 선두자리를 잡기 위해 부단한 노력을

전국의 각 지자체별로 특징을 가진 건축을 세우려고
그 지역만의 독특한 이미지 부각에 디자인에 노력을 쏟고 있다.
하지만 국민과 지자체의 기금으로 건립되는 관공서에
많은 비용이 투입되는 현상은 바람직한 방향은 아니라고 본다.

하고 있다.

　이러한 신개념의 건축이 가능한 것은 바로 컴퓨터 운용으로 설계용 툴을 활용해야 가능한 프로젝트이다. 프로그램으로는 기본적으로 캐드를 숙지해야 하고, 맥스와 기타 렌더링 프로그램을 다루게 된다. 추가적으로 라이노, 카티아 등의 구조계산이 가능한 엔지니어링 툴이 모든 것을 가능하게 해주고 있는 것이다. 나는 프리폼연구소에서 교육을 받으면서 동영상 제작과정에 컴퓨터를 4대를 가동하면서 과제물을 제출하기도 했다. 그 당시에도 캐드는 잘 다루는 편이었고, 나머지는 맥스와 랜더링 툴 그리고 영상편집을 위해 에프터이펙트 프로그램 등을 활용했다.

　그때 기초과제로 모델링에 견본이 되었던 건축소재로 서울시청 주변에 자리 잡은 성곡미술관이었다. 그 외에도 실전에 사용하고자 2007년도 당시의 시공현장과 그 이후 현장에도 3D로 모델링해 유용하게 활용했다. 시공자가 미리 도면을 파악해 도면작업을 하게 되면 이미 도면이 머릿속에 입체적으로 정리가 되면서 시공 중에는 도면의 수치만 보게 되는 특이한 현상을 경험하기도 했다. 그때의 프리폼 건축의 모델링을 바탕으로 지금도 다양한 방법으로 현업에서 활용하고 있다. 교육용 과제도 제작하고 앞으로도 하고자 하는 모든 것에 적용이 가능한 분야에 접목시킬 것이며, 국내의 어느 목수도 시도해보지 않았던 기법들을 연구하고 정리해 콘텐츠로 제작할 계획이다.

7

배운 것을 교육에 반영하다

교육을 하다 보면 많은 것을 준비하게 된다. 그동안 목수 일을 하면서 현장에서 경험한 모든 것들을 총집합시켜 교육에 반영하는 것이 목적이다. 다년간 현장에 몸담고 있었다고 해도 현장의 상황은 동일한 조건을 만나기 어렵다. 그래서 각기 다른 현장을 슬기롭게 대처하기 위해서 목공팀은 각별한 신경을 쏟게 된다. 목공의 포지션이 예전과 다르게 좁혀진 것은 사실이지만 아직도 목공의 자리는 크게 위협을 받지 않는다. 그래서 미화적인 표현으로 '인테리어의 꽃은 목공이다'라고도 한다.

의식주 중에서 기성화할 수 없는 것이 있다면 그것이 바로 건축 분야의 목공이다. 즉, 목수의 역할이 그만큼 많이 있다는 것이다. 그럴만한 이유가 있다. 왜냐하면 옷은 대량생산을 위해서 자동화생산시스템이 기성복을 생산할 수 있고, 식재료도 꼭 가정에서 취사에 의해서 식

생활이 해결되지 않더라도 외식산업이 발달해주문으로 삼시세끼를 해결하는 방법도 가능하다.

하지만 잠을 자고, 업무를 보고, 제조업을 하기 위한 건축물은 조금 다른 시각에서 볼 필요가 있다. 물론 이동식 주택도 있고 조립식 주택도 있다. 공장에서 패널을 제작해 현장조립에 의해 빠른 공정으로 건축되는 패널라이징의 형태도 있고 또 공장에서 프리컷을 통해 현장반입에서 결구까지 3일에 골조부분 공사가 가능한 시스템으로 현재 여러 업체에서 영업실적을 올리고 있다. 건축의 발전도 눈부시게 타 분야와 같은 속도로 따라가고 있지만 실내공사는 여전히 사람의 손길이 필요한 분야라고 봐야 한다.

목수는 도면이다. 도면에 대한 별도의 공부를 해야 한다. 왜냐하면 모든 현장의 초기에 투입되는 공정이 목공이기 때문에 도면을 모르고는 현장을 이끌어 갈 수가 없다. 그러므로 목수가 곧 도면이다. 먹매김은 NCS과정에서도 4수준에 달한다. 그만큼 먹매김_{먹놓기}의 비중을 높게 책정을 한 이유기도 하다. 먹매김 과정은 전 과정에 대한 준비가 되므로 실배치와 평면구성, 가구배치, 전기설비, 냉난방 계획, 조명설비, 기타 마감을 위한 현장의 설정이 정해지는 상황이라고 보면 된다. 그다음이 마감을 위한 계획으로 이어지므로 설정을 한다는 것은 현장의 밑그림을 그려놓은 거라고 판단해도 된다.

체계가 잡힌 현장은 디테일한 도면도 준비가 되지만 간혹 구두로 결정짓는 현장도 있다. 그런 상황이라면 현장을 관리하는 관계자의 권한으로 결정해야 한다. 이런 과정이 매끄럽지 않으면 그 현장은 공정대로 진행하기 어렵다고 봐야 한다. 이를테면 프랜차이즈 현장의 경우엔 모든 콘셉트가 목공반장의 머릿속에 정리가 되어 있어서 자연스럽게 진행이 된다.

기본교육의 중요성을 인지시켜야 한다. 어느 분야이던 기본에 충실하라는 것처럼 기본이 안 되면 다음을 기대하기 어렵다. 즉, 기본기는 안전과 스킬이다. 그러므로 기술은 재산이자 경쟁력이다. 그런데 많은 사람들이 마음이 조급하다. 실력을 키우기보다는 의욕이 앞질러가기 때문에 시행착오적인 행동으로 옮겨 간다. 그런 행동들이 바로 거품을 보고 뜬구름 잡듯이 허공을 헤매는 꼴이 되는 것이다.

내가 할 수 있는 것들이 무엇인지를 판단해 현장 타입인가, 작업실 타입인가를 판단해 적성에 맞는 선택을 할 수 있어야 한다. 작업실 타입에는 기본적인 매출이 확보된다면 추천하지만 그러지 않다면 현장으로 나가길 적극 권한다. 현장은 8시간 동안 내가 흘린 땀과 노력의 대가가 정해져 있지만 작업실의 경우는 일정액의 매출 보장 없이는 버티기 어려운 상황이 오면 딜레마에 빠지기 쉽다. 고민이 시작되면 이미 많은 시간과 허비된 시간에 대한 보상은 과감히 잊어야 한다.

전통 건축과 현대 목공에 대해 서로 약간씩 알아두면 상호협력 관계에서 도움이 된다. 전통 목공과 현대 목공의 차이점은 공구에서 먼저 차이가 난다. 전통 목공은 수공구의 의존도가 좀 높은 편이다. 하지만 현대 목공은 장비에서 생산성이 크게 차이가 난다. 물론 전통 목공도 기계화해 대량생산으로도 가능한 분야도 있다. 제품을 선택하는 소비자의 요구에 부응해 생산하는 것도 감안해야 한다. 고객의 욕구가 다양한 시대에 대응하는 방법으로 내 몸에 기술이 많으면 많을수록 경쟁력도 올라가기 때문이다.

모형작품을 통해서도 많은 것을 깨닫게 한다. 본 작업 전에 미리 리허설과 같이 시험가동을 하는 과정이라고 보면 된다. 수량이 많은 작품은 사전에 점검함으로써 공구의 선택이나 작업 전에 할 수 있는 요소들을 미리 체크리스트를 만드는 것도 필수사항이 된다. 이런 과정도 초기에는 귀찮고 번거로움이 따르는 것은 사실이다. 그러나 실행을 해보면 시간과 경비가 절감이 되면서 다음 작업도 그만큼 순조롭게 된다.

목공은 목공만 잘하면 된다는 개념에서 벗어나야 한다. 머릿속에 구상이 머무르는 것은 삽시간에 스쳐 지나가버린다. 그럴 때엔 메모를 하거나 스케치를 해 아이디어 창고를 만들어야 한다. 과거에도 그랬듯이 젊은 사람은 아이디어가 풍부하다. 그런 아이디어를 사장시키지 말고 메모하는 습관으로 바꾸면 크나큰 살림 밑천이 된다.

디자인의 중요성은 늘 강조하는 부분이다. 디자인의 분야는 블루오션이다. 세상을 지배하는 것도 디자인이다. 소비자는 냉정하기에 식상한 디자인을 원하지 않는다. 오로지 독창적인 디자인을 갖기를 갈망한다. 때로는 소비자가 더 많은 지식을 갖고 접근하기도 한다. 소비자들로부터 배우는 것도 있다. 모르는 것이 있으면 배워가면서 해도 문제가 되지 않는다. 전문가라고 해서 세상의 만물을 다 알 수는 없기 때문이다.

물리나 화학에는 또는 수학에는 정답이 있지만 기술전수에는 정답이 없다. 기술을 익히면서 어디서 누구에게 기술을 습득했느냐가 중요

각박한 경쟁사회에서 살아남는 방법은

나만의 무기를 만들어야 한다.

목공의 분야에선 무기란 스킬이다.

자신만이 특기를 담아내는 것이 있을 때 경쟁력도 상승한다.

하고 배운 기술을 어느 환경에서 어떻게 활용하는가도 중요하다. 인내심을 키워라! 요즘 젊은 목수들이 참을성도 약하고 체력과 근력도 약하다. 참을성이란 바로 인내심과 직결이 된다. 쉽게 포기하고, 쉽게 판단하는 경향이 강하다.

수공구를 잘 다루어야 목공을 오랫동안 안전하게 할 수 있는 기틀을 마련하게 된다. 전동공구의 사용요령은 수공구의 상위단계지만 수공구를 숙지하기 전에는 절대로 금물이다. 안전수칙이 준비가 되지 않으면 기계사용을 하면 안 되기 때문이다.

목공을 하다 보면 안전사고로 중도에 포기하는 사람들이 있다. 안전사고는 준비되지 않은 사람들이 문제를 일으킨다. 기계가 모든 일을 처리해줄 것이라는 착각에 빠지게 되면서 조급한 마음에 기계사용을 서두르게 되어 예상치 못한 사고로 이어진다. 이런 현상은 공방을 비롯해 현장에서도 빚어지는 사례다.

안전사고는 한순간에 모든 것을 내려놓게 한다. 그래서 시작은 부푼 기대감에 했지만 마무리는 비참해지는 경우를 여러 번 보아왔다. 즉, 실망이 더 크다는 거다. 장기적인 안목으로 접근해야만 가능한 것이 목공이다. 쉽게 판단하지 마라. 운동과 같이 초기에 준비가 제대로 안되면 두고두고 버릇처럼 습관이 붙어 고치기가 어렵다. 목공은 습관이다. 계속 반복적인 상황이 하루에도 여러 차례 발생된다. 습관에 따라서 생산성의 변화가 크다. 그러기에 초기의 습관은 무엇보다 중요하다.

어느 분야든 시대의 흐름에 능동적으로 대처하는 것이 중요하다는 건 누구나 알지만 살다보면 막상 실천에 옮기기가 쉽지 않다. 건축과 인테리어에서도 유행에 민감하게 반응한다. 대형브랜드에서 발 빠르게 신소재의 품질을 테스트한다. 시장의 반응에 따라 장기적으로 가는가 아니면 단기소비로 마감하느냐가 달려 있다.

요즘은 기술이 콘텐츠다. 즉, 기술이 경쟁력인 세상에 우리가 살고 있다. 그동안 다루었던 아이템에서 경제성 있는 것을 집약해서 교육 콘텐츠로 활용하고 있다. 때로는 무작위로 하는 교육을 원하는 수강생도 있다. 하지만 교육하다 보면 질서가 필요하다. 한정된 공간에서 소품다량의 체계로는 어려움이 따른다. 먼저 수강생이 원하는 것을 반영해 현실성 있는 교육에 포커스를 맞추는 것이 바람직하다고 본다.

각박한 경쟁사회에서 살아남는 방법은 나만의 무기를 만들어야 한다. 목공의 분야에선 무기란 스킬이다. 자신만이 특기를 담아내는 것이 있을 때 경쟁력도 상승한다. 남이 쉽게 따라할 수 없는 각별한 무기를 나는 몇 개나 가지고 있다. 그런 나만의 경쟁력을 교육을 통해서 나누려고 한다. 현장전문가는 현장에 있다. 현장전문가는 현장을 떠나서는 전문가가 아니다. 오로지 현장에서 머물러 있으면서 모든 일을 핸들링하면서 시공 과정에 충실히 임하는 사람만이 프로페셔널이다. 현장전문가는 현장의 기법을 교육에 접목시키는 것을 충실히 수행해야 하는 것이 소명이다.

8

건축공학사 학위를
취득하다

내가 평생교육원을 통해서 건축공학사 학위를 취득한 시기는 2013년 초기다. 공학사 학위는 학점을 140점 채워야 하기 때문에 자격증으로 64점, 나머지 76점 중에서 교양 10과목 30점, 그리고 46점은 서울의 한양대학교에서 오프 강의로 취득을 하게 되었다.

건축공학사 과정에는 전공 필수과목과 선택과목의 두 가지 중에서 필수과목은 반드시 강의에 참여해야만 되고 선택과목은 말 그대로 선택해서 결정하게 되어 있다. 그런데 필수과목은 자격증으로 대체가 가능하다. 나도 건축목재시공기능장 자격증과 산업기사자격증에서 이미 전공필수 과목을 이수를 한 것으로 인정되었으니 이 얼마나 감사한 일인지 모른다.

이렇듯 선택과목은 내가 원하는 과목이나 관심과목을 스스로 선택해 수강신청하면 됐다. 내가 선택했던 과목은 앞으로 필요성과 현업에서 활용 가능성이 높은 과목을 골라서 듣는 방식을 선택했다. 건축재료, 건축품질관리, 건축제도, 건축시공, 건축설비, 공정관리, 건축구조, 건축설비 등 관심 분야의 과목을 골라서 선택했다.

평생교육원을 통해 학점은행제 제도에 따른 학위취득과정에서 내가 경험한 과정을 소개하고자 한다. 나는 직업이 목수이자 관련 자격증을 여러 개 취득해 학점은행제에서 건축공학사 학위를 취득하는 과정이다. 국가평생교육원은 서울 양재역 주변에 있다.

내 경우엔 특별한 케이스다. 학점은행제에서 인정해주는 국가기술자격증은 두 개까지는 인정해주는 것이 일반적인데 내 경우에는 3개의 종목을 신청해 건축목재시공기능장 24점, 건축산업기사 20점, 문화재수리기능자(소목수) 20점 이렇게 합산 64점을 소정의 수수료를 지불하고 등록이 가능했다. 이런 제도가 가능한지 계속 문의하고 준비도 하는 과정에서 세 종목의 자격증 등록이 접수 가능함을 알게 되었다. 기회포착을 잘하는 것도 능력이지만 나는 운이 좋은 사람이다. 아마도 국내에서 국가기술자격증 3개로 학점은행제에 접수한 사람은 내가 유일무이할 것이다.

내가 공학 학위자라도 수강생을 가르치는 데는 정작 대학과정을 마친 것과 차이는 별로 없다. 하지만 수강생의 입장에서는 다를 수도 있다고 본다. 아직도 우리 사회의 인식은 교육자가 고학력자라면 어떤가? 설령 똑같은 강의라도 왠지 실력이 더 무겁게 느껴지거나 권위 있게 받아들이지만 반대의 경우에는 상대적으로 낮게 치부될 가능성을 부인하기 어려운 게 우리의 현실이다. 한편 서구 선진국에서는 기술을 전수하는 데 실력이 있느냐 아니냐가 문제일 뿐 교육자의 학력 같은 건 아무도 개의치 않는다. 많이 달라지기는 했다지만 우리나라는 사회 구조적으로 학벌을 중시하는 전근대적인 사고가 여전히 위력을 떨치고 있는 것이다.

'나와 같은 사정에 처해 있는 사람이 얼마나 될까?'라고 생각을 했는데 의외로 이런 과정으로 학위취득을 하는 분들이 많다. 우리나라에 대학이란 제도가 도입된 지 불과 100여 년 남짓하다. 배재학당, 이화학당, 숭실학당 등이 일제 강점기가 끝나고 대학으로 승격되면서 학원, 재단이라는 명칭으로 바뀌었으니 사실상 많은 대학교가 해방 이후에 설립된 셈이다. 우리나라는 자원이 부족한 나라이기 때문에 기술 집약적인 산업과 인력을 많이 배출해야만 국가 경쟁력에서 유리한 고지에 설 수 있는 실정인데 고학력자는 넘쳐나지만 정작 각 분야에서는 실력 있는 전문가를 찾기 어렵다고 한다. 1960년대 초 우리나라의 산업발전 근간이 되었던 사람들을 보면 지방의 직업학교 출신들이 적지 않다.

서울의 정수직업훈련원, 경남 지역의 창원과 마산의 직업학교 등에서 배출된 기능 인력이 한때 우리나라의 공업 발전에 지대한 공헌을 한 사례라고 본다. 지금은 명칭도 세련된 이름으로 바꾸어서 한국폴리텍대학 서울정수캠퍼스 또는 한국폴리텍대학 인천캠퍼스 등이 된 지도 오래다. 밖에서 기능대회 관련 또는 산업인력공단 업무협조 건으로 만난 분들을 보면 거의가 과거에 직업전문학교 출신인 분들이 대다수 차지하고 있다.

그분들이 현행 기술전문학교 즉 공과대학, 전문대학, 전통대학교, 직업전문학교 등에서 활발하게 활동하고 있다. 나는 그 중에서도 야전 출신에 속한다. 야전 출신의 장점은 현장을 경험하지 않은 사람은 알 수 없는 특별한 것이 있다. 현장에서 체득한 것을 책이나 남의 이야기로 전하는 것만으로는 온전히 기술을 전달하는 데 한계가 있을 수밖에 없다.

나는 서울에 생활하면서 중졸, 고졸과정은 검정고시를 통해서 마치고 대학 갈 형편은 도저히 안 되겠기에 평생교육원을 통해 건축공학사 학위를 2013년도에 취득을 했다. 건축공학의 오프강의는 모두 한양대학교에서 야간강의에 참석해 학점을 이수했다. 나는 직장생활 하면서 주로 건설현장과 인테리어 현장의 업무를 마치고 야간수업에 참여했다. 그러면서도 결석은 단 하루도 하지 않았다.

전통 짜맞춤 등의 목수가 하는 일은 거의 다 해봤다. 건축을 하면서 시내의 빌딩 공사에서부터 유명인사의 집도 지어봤고 전국을 돌면서 전원주택 공사도 했다. 현장소장도 여러 해 진행했던 경험도 있다. 그러고 보니 나는 교육 사업을 하기는 하지만 사업보다는 직업에 가까운 직책을 맡고 있는 것이다. 내가 항상 자리를 지켜야 하니 이런 경우는 사업가라고 보는 것보다는 직업인이라고 해야 맞다. 물론 사업과 직업이 무슨 대수겠냐만, 내가 할 일이 있다는 것만으로도 행복한 일이 아니겠는가!

내 살아온 처지를 돌아보면 대학은 꿈도 꿀 수 없었다. 그런데 지금까지 살아온 것들을 총합계를 내어보면 대학 이상의 공부를 했다. 학력으로는 내게 있는 능력이 통하지 않을 때가 많아 결국 학위를 취득할 생각을 했다. 그간 내가 쌓아온 학점에 해당하는 것을 모아보니 이미 절반은 채워진 것을 보고 더 용기를 내게 되었다.

내 살아온 처지를 돌아보면 대학은 꿈도 꿀 수 없었다.

그런데 지금까지 살아온 것들을 총합계를 내어보면

대학 이상의 공부를 했다. 학위도 중요하지만

나 자신이 어떠한 이론적인 학문을

연마했느냐가 더 중요하다는 것을 얘기해주고 싶다.

학위를 따는 데는 국가평생교육원에 등록해 대학총장학위를 받으면 정규대학 졸업생과 동등하게 된다. 건축과로는 한양대학교 출신들이 활동도 많이 하고 권위 있었기 때문에 나는 한양대학교총장학위를 받고 싶었다. 그런데 결정은 달리 할 수밖에 없었다. 이미 64점을 받아 놓은 상태에서 나머지 76점을 취득하면 140점으로 요구 점수에 충족이 되는데 추가로 8점을 위해 한 학기를 더 다녀야 하는 어려움이 있었다. 즉, 세 과목의 수강을 위해 반년의 시간을 할애하기가 어렵던 시기였다. 결국은 한양대는 포기하고 교과부장관 명의 학사학위를 받게 되었다.

지금도 후회는 없다. 이다음에 나와 같은 상황에 처해 있는 사람에게는 대학교총장학위도 중요하겠지만 나 자신이 어떠한 이론적인 학문을 연마했느냐가 더 중요하다는 것을 얘기해주고 싶다.

3장

외길 인생,
목수의 소망

1

전통 짜맞춤 전파
(못을 전혀 사용하지 않는 전통가구 만들기)

대패를 처음 손에 잡고 나무를 깎던 시기가 1973년도다. 청소년직업학교에서 김종환 스승님의 가르침으로 연장을 처음 잡았던 때가 엊그제 같은데 벌써 46년이란 세월이 흘러버렸다. 열세 살 어린 나이부터 연장을 만지고 기술을 경험했다. 이 과정에서 나의 손은 체구에 비해 진화를 거듭해 체구 대비 양손이 큰 편이다. 작은 손으로 대패를 어려서부터 잡다 보니 손이 커질 수밖에 없게 된 것 아닌가 싶다.

이때부터 짜맞춤을 시작했다. 그때 커리큘럼은 스승님께서 일본의 고급 기술서적을 직접 번역하고 등사해주신 것으로 직업학교 학생들과 공부하는 것이었다. 지금으로 보면 실업계고등학교를 넘어 전문대학 목조형학과나 가구제작과에서나 다룰 수준이다. 지금도 기술서적은 대부분 외국서적을 번역해 한국적인 환경에 맞게 발간하는 것들이 대부분이다.

그때 익힌 기초교육을 밑천삼아 서울에서 수십여 년 동안 한 우물만 파며 살아왔다. 이젠 나만의 작품을 해봤으면 한다. 시간이 나는 대로 문화재 답사도 하면서 실측도면도 준비하고 있다. 배고픔과 싸우던 시절에 배운 스승님께 배운 짜맞춤, 그 짜맞춤을 지금은 스승님을 이어 내가 가르치고 있으니 이것도 사회를 밝게 하고 선하게 쓰이는 일 가운데 하나라는 생각에 감사한다. 요즘은 장비도 현대화되어 있고 시설도 좋은 환경에서 작업한다. 과거에는 웬만한 작업을 수작업으로 해왔었는데 그때 익혀두었던 기술이 각광을 받는 그런 시대가 되었다.

나는 앞으로 남은 생을 기술을 전수하는 데 쓰려고 한다. 내 스승님처럼 내 손안에 있는 기술을 모두 사회에 나누고 떠나려는 것이다. 남에게 가르친다는 것은 자신을 세상에 꺼내놓는 시험대다. 옛날에는 기술을 갖고 있는 사람들이 후학들에게 쉽게 가르쳐주려고 하지 않았다. 의식이 바뀐 현대에 그것을 실천에 옮기는 작업은 무엇보다 기술서적을 집필하는 것이다. 어느 외국 책과 비해도 손색없을 정도로 뛰어난 우리 기술서적은 드물다. 옛 스승님께 받은 것과 내 손의 기술을 후대에 넘기지 못하고 죽으면 국가적인 손실이 된다는 마음가짐으로 집필 작업을 하려고 한다.

100세 시대는 소일거리가 무엇이냐에 따라서 삶의 의미도 달라진다. 과학이 발전하면서 100세까지 살게 되었는데 은퇴하고 이렇다 할 소일거리 하나 없다면 참 우울한 인생일 거다. 이런 시대에 짜맞춤 기술은 익혀두면 소소한 재밋거리로도 제격이다. 체력을 크게 요구하지 않으면서도 경제활동도 되니 더 바랄 것이 없다. 이런 콘텐츠가 서양에서는 오래전부터 자리를 잡아 고령자들도 개인의 공간에서 가족이 쓸 그들만의 가구를 만들어낸다.

짜맞춤 아이템이라면 우리 주변에서도 얼마든지 아이디어를 얻을 수 있다. 예를 들자면 뒤주를 제작해 현대적인 공간에 인테리어 소품으로 진열해도 어색함이 없다. 그 안에 조명을 연출하기도 하며 다른 용도로는 스피커로 활용해도 되고 우리의 생활주변에서는 어느 것과도 조화가 되는 소품이다.

다른 예로는 전통창호를 활용한 조명기구가 있다. 한국적인 멋이 담겨 있어 추억을 떠올리게 하는 전통창호는 사람들의 정서에 많은 영향을 준다. 사방탁자를 이용한 강대상도 구상해보고, 현대적인 디자인으로 캣타워도 디자인을 했다. 고전미도 가미되면서 누구나 거부감 없이 사용이 가능하며 멋도 있는 형태를 가지고 있는 사방탁자형 퓨전식 현대가구도 얼마든지 응용이 가능한 제품군이다. 이러한 형태의 강대상과 불교의 경전을 올려놓는 것으로써 종교적인 면을 타파해 부담 없이 멋스러운 생활가구를 만들고 또한 교육적으로도 활용을 하고 있다.

또 다른 아이템으로는 우리나라만의 특색을 담은 전통한옥에 관한 것으로 조립과 분해가 가능한 작품을 준비하고 있다. 아이들에게는 창의력을 개발할 만한 정도의 크기로 준비하고 있다. 세계인들은 유럽 여행 중에 수공예 제품을 구매하게 된다. 그런데 외국인들이 한국에 와서 여행 중에 선물용이나 한국적인 의미가 담긴 상품을 고르기가 어려운 것이 현실이다. 한국을 다녀가면서 여행의 의미도 담고 작품만 봐도 한국적인 그런 상품이면서 자녀의 정서에도 알맞은 그런 상품을 오늘도 개발하고 있다.

 본질적인 것이 중요하다는 건 누구나 다 알고 있다. 나 자신에게도 본질직인 것은 뚜렷하게 존재하고 있다. 하지만 목공이라는 장르 하나에만 뿌리를 둔다면 결국은 시야가 좁아지는 한계에 봉착하게 된다. 늘 다양한 장르에 시선을 두려고 애쓰고 디자인 공부를 하고 있는 건 조형의 원천을 넓게 갖기 위해서다.

 전통 짜맞춤과 디자인의 관계가 무엇일까 의아해하실 분들이 많을 거다. 전통 짜맞춤 가구를 제작하기 위해서는 기술과 능력도 중요하지만 궁극적으로는 많은 부분에서 디자인이 좌우한다. 현대인들의 생활 패턴에 편의성을 추구하는 디자인은 얼마든지 가능한 아이템이다. 그래서 너무 전통 짜맞춤에 얽매이지 않으면서도 한국적인 짜맞춤을 구사하려고 노력하고 있다. 그러한 콘텐츠가 현대인들이 소비하기에 적합한 것이라 생각되어서다. 너무 고전적인 디자인은 수요의 한계가 있기도 하고 본질적인 것은 지키되 실생활과 밀접한 아이템이 더 현실성이 있다는 생각에서 출발하고자 한다.

 한동안 나라의 경제가 어렵던 시기를 이겨내고 국민소득이 높아지면서 커피 소비량이 세계에서 6위라고 할 정도로 온 국민이 즐기는 시대가 되었다. 승마와 요트를 취미로 즐기며 윤택한 삶을 살아가는 현대인들에게도 옛 정서에 대한 향수는 남아 있다. 어릴 적에 뛰어놀던 고향의 초가집과 낡은 장롱도 많은 사람들이 간직하고 있는 추억거리다.

 최근에는 연배가 많으신 분들이 교육에 참여하는데 이 고령층에도 전통 짜맞춤은 좋아하는 아이템이다. 현재 학원에서 진행되고 있는 커리큘럼 중에는 짜맞춤에 연관된 아이템이 대략 30여 개나 된다. 전통적인 것부터 현대 목공에 이르기까지 수많은 아이템들을 교육용으로 활용하는데 전통적인 옛 모습을 살리면서도 현대인들의 생활에 편리하게 사용이 가능한 것들이다.

요즘은 전통한옥에 대한 관심도 높아지면서 한옥에서 살기 위한 방편으로 미리 전통적인 기술을 익히고자 교육에 참여하는 사람도 많다. 내 손으로 가구도 제작하고 앞으로 한옥살이를 하려면 손수 집수리도 해가면서 살아가는 것이 한옥살이의 준비과정이기 때문이다. 유럽이나 선진국의 모델이 우리 현실 속으로 가까이 접근하고 있다. 이제는 인건비에 대한 인식이 바뀌고 있는 시대이다. 집을 부분수리하거나 가구나 문짝을 수선하려 해도 고액의 비용을 지불해야 하는 그런 시기가 다가온 것이다.

사람들은 나이가 들면 고향을 찾는다고 한다. 그럴수록 향수에 젖는 감성이 발동되는가 보다. 내 손으로 집을 가꾸고 다듬어가면서 인생 2막을 준비하는 사람들에게는 전통 짜맞춤이 관심 대상이 되고 있기 때문이다.

내 나이쯤 되는 사람들이 베이비부머 세대이다. 이 연령대가 대한민국에서 젊음의 에너지를 모두 소비하며 경제발전을 일궈낸 역군들이다. 이제는 자신의 제 2의 인생을 위해서 투자하는 사람들이 많아진 것도, 베이비붐 세대가 은퇴기에 들어선 것도 그 이유 중 하나다.

그동안 등한시 해왔던 전통 짜맞춤에 대한 새로운 시선이 기다리고 있다. 수작업은 사회문명이 고도화될수록 희소가치가 올라가는 것이라고 본다. 디자인을 소비하는 것도 사람이고, 디자인을 창출하는 임무도 사람의 몫이다. 언제라도 신선한 디자인으로 옛것들의 본질과 기본에 바탕을 두면서도 현대문명과 배치되지 않는다면 그것이 지금 우리가 바라는 미래지향적인 디자인일 것이다.

디자인은 세상을 바꾸는 대단한 힘을 지니고 있다. 짜맞춤 가구의 디자인이란 개인의 취향과 삶을 담는 작은 그릇의 일부라고 봐도 될 것이다. 그렇다고 전문적인 고급 디자인만이 작품에 반영되는 것은 아니다. 그저 수수하면서도 인테리어적인 면과 매치가 된다면 그것으로 만족이다. 현재 나의 손을 거쳐 디자인된 30여 개의 짜맞춤 가구들 중에서 실생활에 접목을 시켜도 어색하지 않은 그러한 모델들이 포함되어 있다. 이 아이디어를 교육의 커리큘럼으로 진행하면서 앞으로 제조업을 통해 생산할 계획도 있다.

그동안의 현업에서 해왔던 일을 통해 익혀둔 기술 대회에서 받은 수상의 실력과 현장의 경험치, 또 자격증을 바탕으로 그리고 이론적으로 나 자신이 원해서 했던 학습의 내용을 토대로 교육에 적극적으로 활용할 생각이다. 이러한 계획을 수행하기 위해선 나름대로 준비를 철저히 해야 한다. 그 시기는 바로 이 몸이 중심을 유지할 때 해야 한다. 그리고 내 손의 고마움에 대해서도 간과해서는 안 된다. 손은 연장과 나무와의 절대적인 소통의 도구가 되기 때문이다. 오늘도 기술유지를 위해 책을 고르고 있다.

2

서울 시내 폐교에
한옥학교를 만들자

　앞으로는 서울 시내에도 초등학교부터 입학생 수가 부족해서 폐교가 생겨날 모양이다. 서울 인근 폐교에서 문화예술 각 분야의 공간으로 활용하는 것을 접한 적이 있어서 서울에도 폐교가 생기면 그곳에서 한옥학교를 운영했으며 하는 바람이 있다. 나는 현재 문화재기능인협회 이사로 등재되어 있으니까 이런 사업구상과 계획서만 잘 갖추면 가능한 일이다. 아울러 한옥학교에서 교수로 활동했고 현재 아이템도 다수 확보하고 있기 때문에 행정적인 여건이 무르익기를 기다리고 있다.

　공간이 허락된다면 대목, 소목, 전통한옥 등에 관련한 작업을 포함하는 것은 물론 서울 시민의 참여프로그램 중 한 가지로 셀프인테리어를 아이템으로 서울시에서 추진하는 방안도 모색하고 있다. 업종을 결성하는 방법도 서울에 소재하는 협동조합이나 사회단체와 같은 방법도 있지만 이러한 사업을 추진하기 위해선 기술을 소유한 현장의 전문가 참여가 바람직하다.

문화재수리기능자소목수를 취득한 지도 벌써 10년째 되어가고 있다. 2009년도에 건축목재시공기능장을 취득하고 그다음 해에 소목수자격증을 취득했다. 소목수자격증은 다른 자격증보다도 자기와의 싸움이 관건이다. 과거의 창호는 대부분 전통관련 창호가 많은 부분 차지하고 있었다. 한옥의 문짝에서부터 사찰, 궁궐 등 다양한 문양의 창호를 오랫동안 제작하고 설치하고 수리도 했다.

전통한옥에 관한 자격증의 종류는 24개의 직종이다. 대목수, 소목수, 실측, 보존처리, 한식미장, 온돌, 옻칠, 목조각, 단청, 모사, 석공예, 기와, 번와, 등등 전통 건축에 관한 궁궐, 사찰, 민간한옥에 이르기까지 다양한 분야가 직종에 포진되어 있다. 나는 문화재 기능인협회의 이사로 등재되어 있다. 물론 맡은 분야니 임무도 제대로 수행해야 하지만 다른 이사들도 한결같이 역량이 뛰어나고 성실한 분들이라 나도 그들 못지않게 협회의 발전을 위해 봉사하는 마음으로 참여하고 있다.

전국적인 지명도가 있는 문화재 전문가들과 외국으로 문화재 탐방도 나가고 국내의 유적지와 문화재가 되는 고건축을 탐방할 때가 있다. 2018년 1월에 일본의 구마모토熊本에서 일본의 고건축을 학습할 때는 그간 궁금했던 일본 건축만의 특징을 구마모토성과 그 지역의 전통건축으로 지식을 넓힐 수 있었다. 한 해 전에도 국제기능올림픽위원회 주관으로 도쿄 지역의 메이지신궁, 도쿄 한복판에 위치한 황거 등 여러 지역의 문화재를 탐방하기도 했다. 금년에도 일본 교토 지역의 문화재 탐방 계획을 준비하고 있다. 문화재 관련 전문가를 초빙해 세미나를 열기도 하고 정기적인 교육을 통해 전통문화의 계승발전에 대해

집은 짓는다는 것 자체가 예술이다.

현대 건축 관련 사업과 교육을 하고는 있지만

궁극적인 목표는 한옥에 초점을 두고 있다.

한옥은 지어지면 십 대가 넘도록 후손들이 살 수 있을 정도로

오랜 건축 수명을 자랑하고 있기 때문이다.

깊은 연구도 하고 있다.

나는 전공은 현대 건축을 했지만 더 깊이 있는 공부를 위해 대학원에 간다면 고건축에 대해서 더 깊이 있게 공부를 하고 싶다. 지난번에는 한양대포럼에서 전통한옥에 관한 강의를 했던 적이 있었다. 많은 분들이 전통한옥에 대한 관심을 보였다. 하지만 전통한옥은 세 가지의 단점 때문에 고민을 많이 한다. 세 가지의 불편사항은 '비싸다, 불편하다, 춥다'이다.

요즘은 그 문제점이 많이 해소되었다. 건축비용도 기술개발과 신공법의 적용으로 전보다 많이 줄었고, 불편하다는 점도 내부 구조를 아파트 평면에 가깝게 설계해서 현대인들의 생활에 별 문제가 되지 않는다. 마지막으로 추위 문제는 창호의 기술도 발달해서 단열성, 차음성, 방수성, 기밀성, 내풍압성의 5대 기능을 모두 갖춘 현대 기술과 전통의 미적 감각을 살린 창호가 설치되므로 모두 해소가 되었다.

목수는 자기가 살 집은 어떤 집을 짓고 싶을까? 수십 년 동안 남의 집만 짓고 살다가 막상 내 집을 짓는다면 어떤 집을 지을까? 한옥이라고 하면 사람들은 흔히 '불이 나면 어쩌지?' 하는 걱정을 하는 분도 있다. 하지만 의외로 목재가 주재료인 한옥이 철골 구조물의 현대식 건축물보다도 전체로 불이 번질 수 있는 소위 골든타임이 더 길다. 한옥은 자연으로 돌려보내는 천연재료가 대부분이라서 건강에도 좋지만 화재가 났을 때도 독성물로 가스를 뿜어내지 않는 것도 한옥의 장점이다. 물론 현업에서는 현대 건축 관련 사업과 교육을 하고는 있지만 궁극적인 목표는 한옥에 초점을 두고 있다. 한옥은 지어지면 십 대가 넘도록 후손들이 살 수 있을 정도로 오랜 건축 수명을 자랑하고 있기 때문이다.

재료의 특성을 살펴보아도 현대 건축의 콘크리트 대신 흙을 사용하고, 구조재 강재철근, 철강 제품 대신 국산 소나무를 사용하고, 가공석재보다는 자연석을 사용하므로 친환경적이기도 하고 지구 온난화의 문제점에 순응하는 재료로 구성이 되기 때문이다.

현대 건축의 주재료인 철강재와 콘크리트의 생산과정을 보면 1,300℃ 이상의 고온에서 생산된 제품으로 이루어져 있다. 이 모든 제품을 생산하기 위해 지구의 에너지를 사용했고, 그렇게 생산된 제품으로 건립된 현대 건축의 수명이 수십 년에 불과하기 때문이기도 하다. 전통 건축은 관리만 잘하면 수백 년을 사용하는 데 별 문제가 없다. 전국에 널려 있는 고택을 검색해보면 각 지역마다 고택의 숫자가 꽤 많이 나온다. 그 고택마다 담겨 있는 스토리에도 정서적인 의미가 적지 않으니 한옥은 건축물 자체로서도 이야기 문화를 갖고 있다. 정부의 지원도 있으니 관리에도 큰 비용이 들지 않는다.

내가 지을 한옥은 설계에서부터 시공도 역시 내 손으로 할 것이며 후대에 남길 특징적인 건축물로 남겨두려고 한다. 집을 짓는다는 것은 나에게는 전혀 어려운 일이 아니니 걱정하지도 않는다. 내 손으로 할 수 있는 분야도 많거니와 직접 설계에서부터 마무리까지 하는 공정을 모두 내 손으로 할 것들이 많기 때문이다. 그래야만 더 의미 있는 집이 되지 않겠는가? 수십 년 동안 남의 집을 짓느라 전국을 돌면서 수많은 공사에 참여했다.

이젠 내 집을 지을 차례다. 일반인들이 집을 짓고 나면 '10년 감수'

라는 말을 종종 듣게 된다. 이 말의 의미는 단순하다. 집을 지으려고 건축업자를 컨택하면서 공사과정에 생긴 미진한 사건과 기억들로 막상 다 지어진 집에서 떠나고 싶다고 할 정도로 마음고생이 크기 때문이다. 실제로 그렇게 지어진 집에서 오래 생활하지 못하고 몇 년 후 이사를 하게 되는 경우도 있다.

집은 짓는다는 것 자체가 예술이다. 집을 짓는 건축주 입장에서는 그 부지 마련을 위해 10여 년 동안 발품 팔아서 부지를 마련하고 전원주택 등 참고서적도 20~30여 권 읽고 집을 짓게 되는데 결국은 시공업체와의 마찰로 생긴 마음의 상처와 가슴앓이로 그 집에 대한 가치가 곤두박질치는 상황에 이르기도 한다.

그렇다면 왜 그런 일들이 빈번히 발생하는지 알아둘 필요가 있다. 클라이언트와의 소통부재가 주원인이 되기도 하고, 공사에 투입되는 시공비에도 문제점이 많다. 시공업체와 건축주 사이에 보이지 않는 거품이 자리 잡고 있기 때문이다. 건축주 입장에서는 기대치와 시공자의 역할 m^3당 건축비를 서로 이견이 잠재되어 있는 상태에서는 온전히 맘에 드는 그런 건축물이 탄생하기란 어려운 일이다. 그러므로 결국은 서로 간의 평행선만 달리다가 금전적인 문제 등으로 상처만 받고 마무리하게 되는 경우가 많다.

그리하여 서울의 폐교에 한옥학교를 만들어 정신적 육체적으로 피로에 지친 도심권의 현대인들에게 한옥의 우수성을 알리고, 도시한옥과 전원의 한옥에 관한 교육을 통하여 전통건축의 편의성을 알려줄 필요가 있기 때문이다.

3

모든 지식을 연계시키는
콜라보레이션

목수가 가지고 있는 지식이란 어떠한 것들이 있을까? 현장경험이 많아서 일을 잘하고 색다른 현장과 공구를 잘 다룰 줄 아는 것이지만 생각대로 단순하지만은 않다. 과거 사회에서는 일감 수주에서부터 시공관리 현장의 일정을 도맡아서 하는 현장의 총책임자로서 권한도 있고 직업적 책임감도 컸던 시절도 있는데 오늘날의 목수의 위상은 그다지 높지 않다.

그래도 나는 나이에 비하면 누구보다도 일을 많이 해서 목수양반이라는 호칭의 이름값은 하고 있다. 한편 그만큼 일을 많이 했다는 것은 다양한 경험을 쌓았다는 것이다. 그동안 일한 수십 년의 주말과 공휴일을 더한다면 아마도 동년배보다 1년 이상을 더 현장에서 활동한 셈이다. 옛 시절에는 휴일에 일하는 것을 당연하게 받아들였고 어느 누구에게 하소연할 거리도 아니었다.

전통 짜맞춤은 모든 결구법의 기본이자 목공의 초기에 필요한 기술의 핵심이라고 봐야 한다. 그 기본기가 나만의 재능으로 얼마나 있느냐가 실력인 것이다. 선조들이 해왔던 기법은 가구는 가구의 결구방식이 다르고, 창호는 창호만의 방식이 있듯이 건축에서도 짜임과 결구법이 각기 다르기 때문이다.

　그중에서도 창호 분야가 가장 견고하면서도 짜임의 종류도 많을 수밖에 없다. 왜냐하면 창호는 특별히 고정이 아닌 움직이는 물건이므로 결구방법에 있어서 심혈을 기울여야 하지만 건축의 수명만큼 창호도 유지를 해야 하기 때문이다. 선조들은 창호로 홍송을 가장 많이 사용했다. 홍송_{잣나무}은 한옥 부재의 육송보다 더 건조시켜 공기 중에 수분 함량을 엇비슷하게 맞춘다. 그리하여 12%대의 수분 함량을 기건 함수율이라고도 한다.

　전통 짜맞춤과 현대 목공을 아우르면서 적절히 활용을 하면 목수가 할 수 있는 일을 웬만한 분야는 소화가 가능하다. 그렇다면 우리나라의 목수가 할 수 있는 일들은 몇 가지나 될까? 신축현장의 콘크리트를 타설하기 위해서 거푸집 작업을 하는 형틀 목공이 있고, 그리고 전통 한옥 분야에도 대목과 소목이 있다. 서양식 목조주택의 시공에는 빌더가 있고, 우리나라의 현대 건축과 내장 목공인 인테리어 목공이 있으며 가구제작과 취미로 목공방을 운영하는 경우를 보면 다양한 분야에 많은 목수들이 각기 다른 분야에서 일을 하고 있다. 활동 분야가 넓은 경우는 3~4개의 직종에 참여하면서 활발하게 현장 활동을 하는 사람들도 있다.

　교육을 하다 보면 원목 짜맞춤을 하면서 인테리어를 하고 싶다는 요구가 참 많다. 사실 많은 기술과 지식을 겸비하면 어느 현장에서나 막힐 것이 없다. 내가 그런 마인드로 지금껏 현장을 헤쳐왔던 것처럼 다양한 기술은 경쟁력이 된다. 아무나 하는 보편적인 기술보다는 나만의 특화된 기술을 몸에 담고 있으면 그 자체로도 경쟁력이 되기 때문이다.

목공 일에도 디자인 공부는 필수과목이 된 지 오래라서 교육 중에 디자인에 관한 자료를 충분히 활용하고 시공사례를 포트폴리오 자료를 병행해 실시하고 있다. 더구나 요즘은 디자인의 품격을 한 눈에 간파하고 짚어낼 정도로 눈높이가 남다른 고객이 많다.

지난 1997년도 IMF시기에 시골의 어머님 집을 지어드리기 전에도 농촌주택을 내 손으로 직접 도면을 작도하고 설계해 인허가를 마치고 시공했던 경험이 있었다. 그동안 현장에서 맘에 들었던 구조를 참고해 시골집에 활용했다. 아마도 그 시기에 거실의 면적이 크게 바뀌어가던 시기로 기억한다. 방은 잠을 자는 공간이라고 판단하고 가족 구성원의 전체 생활공간인 거실의 면적이 확장되던 때이기도 하다.

시골집이면서도 단층 슬래브의 형태에 옥탑방 하나 그리고 옥외계단을 콘크리트로 했으며 그 하단에 보일러실로 활용했다. 이때만 해도 시골 어른들이 놀랄 정도로 거실을 크게 설계했다. 한옥의 경우는 기둥과 기둥 사이에 큰 보를 걸어서 대청마루로 지었다지만 현대주택은 넓은 바닥을 형성하는 것은 슬래브 바닥이 지탱을 하는 구조적인 방식이다. 공사가 마무리되고 동네사람들 회의 장소로도 쓸 만큼 넓은 거실이 인기가 있었다.

단체 활동을 통해서 자기계발의 기회를 갖기도 한다. 현재 소속이 되어 있는 한양대학교 왕십리포럼과 (사)한국문화재재기능인협회, 그리고 (사)한국건축시공기능장협회 활동을 하면서도 그동안 현장에서 연마한 기술을 폭넓게 활용하고 있다. 각 단체별로 기능에 맞게 다양한 분야에서 활동을 한다. 그러면서도 필요한 공부를 하기도 하고 또 다른 단체의 세미나와 워크숍을 통해서 내가 가진 지식을 발표를 할 기회도 있다. 이렇게 대내외적으로 지속적인 자기관리를 하고 있다. 전통 짜맞춤과 현대 목공을 아우르면서 적절히 활용을 하면 목수가 할 수 있는 웬만한 분야는 소화가 가능하다.

2018년도 후반에 NCS전문위원으로 서울대학교에서 국가기술자격 학회의 업무에 관해 활동을 했다. 서울 지역만 해도 수많은 목수와 이 분야의 내로라 하는 실력과 스펙을 쌓고 활동범위도 폭넓은 인재들이 꽤 많이 있는데도 서울대에서는 현장전문가를 찾았던 것이다.

이런 현상은 디자인과 현장경험이 풍부한 인재의 요구사항에 부합하기 때문이기도 하다. 컴퓨터그래픽 운용기법과 디자인에 관한 능력이 차지하는 역할은 대단히 크다. 오토캐드는 전문가들이 사용하는 도면 작업용 엔지니어링 툴이다. 또 보조용으로 활용되는 디자인 툴이 여러 가지가 있다. 이러한 툴을 다루고 있기에 참여가 가능했을 것이다. 목재 분야엔 기능장도 많다. 그런데 야전 출신의 현장에 오랫동안 몸담고 경험이 풍부한 인재는 많지가 않다.

요즘은 현장에 일하다 보면 고학력 출신들을 종종 만나게 된다. 그만큼 목수라는 직업을 선택하는 범위가 지식층까지도 관심을 갖고 있음을 알 수 있다. 이러한 현상은 직업에 귀천을 논하던 과거와 다른 의식의 변화가 일어나고 있음을 알 수 있다. 그동안 일해 온 세월에 감사하며 큰 사고 없이 이렇게 온전한 몸뚱어리를 보존하게 해주신 주변의 많은 분들께 감사드린다.

시간이 되는 대로 책을 가까이하고 앞으로 하고자 하는 일을 구상하고 현재 나의 손에서 할 수 있는 일을 소신대로 이루어보고자 마음속에 하나하나 정리를 하고 있다. 할 것이 너무도 많다. 과거에 보이지 않던 것들도 이제는 많은 아이템들이 나타나고 있다. 시대의 트랜드에 따라서 SNS를 활용해 퍼스널브랜딩도 해야 한다. 이런 시대에 태어나서 운도 많고 일 복도 많은 사람이다. 그리고 남은 과제를 위해서 모든 정신력을 취합해 새로운 시도를 준비하고 있다. 그동안의 콘텐츠를 모두 영상으로 만들고 있다. 만들어진 영상물은 유튜브를 통해 1인미디어 시대에 부응해 많은 이들을 위해 세상에 이롭게 쓰고자 현재 유튜브에 내 이름으로 업로드하고 있다.

4

자격증은 보험이다

요즘은 현장기술자들도 기초안전교육과 자격증이 있어야 현장에 출입이 가능하다. 또 분야별 자격증은 맡은 분야의 반장으로 등재되고 현장에서 시공에 관여하는 행정적인 서류에 표기하는 기술자로 인정받게 된다. 내 기능에 맞는 자격증을 취득하고자 내방하신 분들의 대다수가 오랫동안 현장에서 이러한 불편을 경험한 고령자들이다. 내 사업을 하면서도 자격증을 갖춘 기능인을 채용해야 현장을 진행하는 데 어려움이 없게 되니까 이런 수요도 계속 늘어날 전망이다.

최근 수년 간 계도기간을 거쳐 현재에는 시행단계에 접어들었다. 일정 면적의 주택을 신축하더라도 자격증을 소지한 기능인이 필요하며 아니면 건축주가 자격증을 가지고 있어도 된다. 예전에는 실력과 경륜을 갖추면 모든 일이 진행되었는데 근래에는 안전과 행정적인 절차에 따라서 소규모 현장에도 전문 인력이 배치가 되어야 한다. 그리하여 현재 학원에서 교육중인 수강생들에게 자격증 취득을 위한 교육이 함께 진행되고 있다.

자격증의 종류도 다양해 목공의 경우 건축목공기능사, 거푸집, 가구제작, 목공예, 건축목공산업기사, 건축목재시공기능장 등 다양한 직종의 자격증이 있다. 자격증을 취득하는 방법과 산업인력공단의 공개 과제를 토대로 시험에 응시하는 과정을 소개해도 될 만한 소재가 꽤 많이 있다. 도면을 풀어서 현치도 작업을 하기도 하고 공개과제를 작업하는 순서 시험에 필요한 공구 다루는 방법을 소개하는 것도 여러 가지가 있기 때문에 전문가 입장에서 교육용 교재로 활용 가능한 책을 꾸미는 것도 생각 중이다. 이론 시험이 있는 과정은 이론 과제도 풀어서 정리도 하고 실기 과제만 있는 종목은 실기 과정을 일목요연하게 풀어서 정리하면 되겠다.

2009년, 건축목재시공기능장 시험을 준비하면서 무릎보호대를 착용을 했는데도 체중에 의해 무릎 뼈가 손상이 왔다. 반복적으로 작업을 하다 보면 누적된 뼈의 가루가 관절에 영향을 주어 심한 통증으로 고통을 겪어 병원신세를 보름이나 져야 했다. 내 몸 안에 내재되어 있는 재능을 밖으로 끌어내는데 투지를 불태웠던 시절이었다.

일반인들이 자격증을 준비하는 과정을 보면 미리 준비하는 것보다 절박한 상황이 오면 그때서야 비로소 자격증을 준비하는 경향이 있다. 물론 학창시절에야 전공과목에 해당되는 과목을 능력에 따라서 여러 개 취득하고 학교를 졸업하는 경우도 있겠지만 그렇지 않은 사람들도 많다. 다급한 마음에 자격증을 취득하는 사람들이 더 많다는 것이다.

자격증이라는 것이 내가 원한다고 하루아침에 만들어 낼 수 있는 성

질의 것이 아니다. 그래서 사전에 미리미리 준비하지 않으면 취득하기 어려운 것이 국가기술자격증이 갖는 의미임을 알아줬으면 한다. 내가 생각하는 자격증은 또 하나의 자신을 위한 공부이다. 내 전문 분야에 해당되는 자격증은 자신을 확고하게 하는 하나의 보증수표라고 해도 과언은 아니다. 게다가 경험까지 쌓이면 더 확실한 자리를 확보하는 문서가 된다.

내가 공부하는 방법은 남들과는 조금 다른 면이 있다. 나는 진돗개처럼 한 번 목표를 세우면 끝까지 물고 늘어지는 체질이다. 그러므로 시험에 몰두하면 외부와의 단절도 불사한다. 꼭 필요한 자리가 아니면 모임도 미루고 빠지기도 하면서 시험공부에 몰두한다. 가정생활에 있어서도 마찬가지이다. 집안일에 있어서도 특별한 일이 아니면 가족 중에서 누군가 대신 참석할 정도로 지독한 마음이 자리를 잡아야 가능한 것이 시험공부이다.

그런데 요즘 사람들은 시험을 너무 쉽게 생각하고 있다. '기술학원에 가면 가르쳐준다'라고 가볍게 생각하고 있다. 이런 생각을 뛰어넘어 '이번엔 경험삼아 보고 다음에 제대로 보자'라고 시작부터 안일한 마음으로 접근하기도 한다. 이렇게 독한 마음으로 임하는 자세와 가볍게 임하는 경우는 결과는 완연하게 다르다.

나는 자격증을 보험으로 활용하고 있다. 내 손에 자격증을 처음으로 쥐게 된 해가 벌써 37년이 흘렀다. 나는 그때부터 보험을 들어놓은 것이다. 그것도 장기적인 보험을 설계했던 것이다. 그때만 해도 보험설계사라는 직업이 없었던 시절이다. 그런데 이제 와서 보니 나름대로 미래를 위한 보험으로 자격증을 차곡차곡 단계를 올려가면서 취득을 했던 것이다.

보험에 가입하는 것도 공짜는 없다. 특히 자동차보험 외에도 여러 가지 보험이 있지만 그 보험의 가치에 따르는 책정된 비용을 지불하고 보험사로부터 유사시에 혜택을 누리고자 가입자들이 보험을 이용하는 것이다. 보험의 종류에도 소멸성과 만기에 정기적금처럼 회수형이 있는데 자격증은 과연 어디에 속하는가 하면 내 생각에 적금과도 같다고 본다. 자격증의 가치는 나의 삶을 위해서 뒷받침을 해주는 든든한 힘의 원동력이 되어줬기 때문이다.

효력이 큰 자격증일수록 취득하는 데 그만한 대가를 지불해야만 한다. 종목과 등급에 따라서 적은 부담에 취득이 가능한 시험이 있는가 하면 1년에 한 번 시험을 봐야 하는 어려운 시험도 있다. 건축목재시공기능장의 경우는 칠전팔기로 취득할 정도로 난이도가 높은 시험이다. 나는 이 시험을 준비하기 위해 무릎의 뼈가 깨어지는 아픔과 고통을 감내하면서 준비했다. 그 후유증은 지금도 남아 있어서 왼쪽 무릎에는 혹처럼 튀어나올 만큼 흉터를 가지고 있다. 하지만 그러한 것들은 어려서부터 워낙 강도 높은 시절을 보냈기에 잘 극복해냈다. 어떤 시험을 목표로 잡게 되면 끈질긴 인내심으로 밀어 붙이는 것 자체가 가장 강력한 에너지임에 틀림없다.

현재 손안에 있는 자격증 중에서 나 자신에게 가장 큰 감동을 선물해준 자격증이 건축산업기사다. 이 자격증은 건축과를 전공한 자라야 시험을 볼 자격이 주어지는데 나의 경우는 하위 자격증인 기능사를 바

자격증 학습을 하면서 그 분야의 선생님을 찾아다니면서 공부를 했었다.

그러고 보니 훌륭한 선생님들이 계셨기에

지금의 내가 존재하는지도 모른다.

자격증을 취득하는 과정엔 어려움이 있었으나

이제는 남을 위해 써야 할 때가 온 것 같다.

이러한 방법은 운이 나가는 것이 아니라

문을 더 열어서 들어오는 운도 맞이하려는 것이다.

탕으로 경력관리를 해 최소 전문대학졸업이거나 건축과 2년 이상의 학력을 마친 자만이 시험응시 자격이 부여되는 시험이다. 그런데 그 당시에 최종학력은 시골에서 6년 동안 공부한 초등학교 졸업에 중졸 학력검정고시, 고졸학력검정고시를 마치고, 나머지는 기능사 취득 후 4년 이상의 경력을 인정받아서 시험에 가까스로 응시했었다. 건축산업기사 시험을 준비하면서 많은 공부를 하게 되었다. 건축에 관한 전반적인 내용은 모두 봐야지만 시험 범위를 소화하기에 그 당시 두꺼운 산업기사 시험교재를 머리에 베고 잘 정도로 가깝게 지냈었다.

자격증이 보험이 되는 특별한 이유가 따로 있다. 나의 경우는 노후대비책으로 준비를 한 셈이다. 지금도 그 활용가치는 높게 평가되고 있다. 내게 있어서 자격증은 한 그루의 나무처럼 여겨진다. 많은 사람들이 "시야를 폭넓게 가져라"라고 하면서 비유되는 문구 중에서 "나무만 보지 말고 숲을 봐라"라는 말을 자주 사용한다. 전체를 생각하는 것을 항상 염두에 두라는 의미에서 나온 말이다.

하지만 나의 경우는 조금 다른 시각으로 해석한다. 어느 분야의 전문가가 되기 위해서는 반드시 그에 필요한 대가가 따르는 법이다. 자격증의 경우는 또 하나의 전문가를 나타내는 국가에서 인정해주는 공식적인 라이선스이다. 그러므로 분야별 기초지식을 담고 있는 자격증은 본질 그대로 나무 한 그루를 심는 것과도 다를 바 없다고 본다. 한 그루의 나무를 잘 다듬고 가꾸어 성장하게 해 그 나무가 어떠한 재목이 되느냐가 중요하다. 각고의 세월을 보내면서 다져진 기능을 사회를 위해 이롭게 쓰여야만 진정한 나무로 성장했다고 본다. 너무 울창한 큰 숲만 바라보는 것보다는 가까운 데서 내실을 기하면 그 진가는 발휘가 되는 기회를 얻게 된다고 믿는다.

　내게 있어서 자격증은 운과도 인연이 있다. 시대의 운도 있었으며 기회의 운도 있었고, 나름대로 나의 본성의 운도 있었다고 본다. 본디 운이란 어느 날 하늘에서 떨어져서 노력없이 주운 것은 아니다. 운도 개개인마다 각기 다른 양상으로 다가온다. 운을 받아들이는 자신만의 노력이 얼마나 작용을 했는지가 관건이다. 누구처럼 줄을 잘 서서 우연찮게 얻는 운도 있지만 고통이 감내된 운도 있기 때문이다. 스스로 문을 열어 운을 받아들이면 가지를 뻗어서 행운도 함께 들어온다는 사실을 경험을 통해 체득했기에 자신 있게 말하고 있다.

　특히 자격증에 관련된 운이 유별나게도 많은 편이다. 그 자격증 학습을 하면서 그 분야의 선생님을 찾아다니면서 공부를 했었다. 그러고 보니 훌륭한 선생님들이 계셨기에 지금의 내가 존재하는지도 모른다. 자격증을 취득하는 과정엔 어려움이 있었으나 이제는 남을 위해 써야 할 때가 온 것 같다. 이러한 방법은 운이 나가는 것이 아니라 문을 더 열어서 들어오는 운도 맞이하려는 것이다. 그러면서 특별한 보험의 혜택이 주는 즐거움도 함께 나누었으면 한다. 현재 보유하고 있는 자격증은 모두 나의 전공과 연관된 자격증들이다. 앞으로도 IT분야 및 취미와 관련된 자격증을 취득해도 되겠지만 전공에 관한 자격증으로만 유지할 계획이다.

5

한국 목수의 위상을
세계에 알리자

한때는 내게도 외국에 가서 일을 할 수 있는 기회가 찾아왔다. 목수로 살면서 외국에서 스카우트 제의가 들어온 것이다. 세상이 많이도 변했다. 못 배운 목수한테도 이런 일이 벌어지는구나 생각하니 꿈만 같았다. 그것도 한국의 목수의 신분으로 하와이에 있는 일본인 건설업체에 목조주택 현장에 기술자로 초대받는 조건이었다. 파격적인 연봉에 그때 내 나이 40대 중반으로 국내에서도 한창 잘 나가던 시절이었다. 내 인생의 황금기라고 봐야 할까!

잘 나가던 그때 하와이에 같이 가서 일을 하자는 제안을 받고 한동안 망설였다. 거액 연봉의 유혹도 있었지만 낯선 곳에서 가족과 떨어져 지낸다는 것도 큰 부담이 되었다. 나는 몇 가지 조건을 내세웠다.

그때 딸아이가 중학생이었고 아들은 고등학교에 진학한 둘 사이에는 3년 터울이라서 딸아이를 동반하는 조건과 통역인 1명, 그리고 딸

아이와 머물 생활공간 등을 조건으로 하고 밀당을 하던 중 어느 정도의 조율도 되어가고 있었다. 딸아이를 조건으로 한 것은 어려서부터 영어교육을 현지에서 하고 싶다고 단순히 생각했기 때문이다. 그리고 현지 미국인 업체도 아니고 일본 기업이라는 것도 잘 되었다 싶었다. 차라리 영어 소통보다는 일본어로 소통하는 것이 나에게는 더 유리하기 때문이니까. 기본적인 인사말과 생활언어 정도는 소통이 되고 직업적으로 어려서부터 배운 것이 일본식 발음의 현장 용어와 공구 명칭, 치수 표기법 그리고 작업 방법도 역시 일본식 언어의 영향을 많이 받고 일해왔기 때문에 별 부담이 되지는 않았다.

그렇게 수개월이 흘렀고 나는 미국 땅에 기술자로 수출이 되는 신분으로 자리매김을 하는가 했다. 그런데 상황은 그렇게 낙관적이지만은 않았다. 연봉협상에서 걸림돌이 된 것은 일본인 대표가 한국 목수의 실력을 너무 낮게 평가한다는 점이었다. 너무도 어이가 없다는 생각이 들었다. 한국 목수를 너무 하대시하는 것에 분하기까지 했다.

일본은 장인의 대우가 특별한 것은 인정한다. 일본에서 특별한 장인은 한 비행기에 동승할 경우 공항에서 감지가 되어 같은 비행기에 두 명의 장인이 동승하는 것을 차단하는 철저한 기술자 관리 제도가 있다고 한다. 그런데 우리나라의 실정은 어떠한가? 국내의 내로라 하는 장인들이 한 비행기로 수십 명이 타고 가도 무슨 조치 같은 건 없다. 그것도 국내의 무형문화재에 등재된 인물들이 대다수 동참하는 일본 문화재 탐방의 길이었는데 말이다. 지금에 와서 돌이켜보면 한국의 허술한 인재관리를 보더라도 그렇게 가볍게 볼 법도 하다 싶고 저들 나름으로는 이유도 될 만하다고 본다.

불과 몇 년 전 2011년도에 일본의 쓰나미로 건물이 전파되고 도시가 황폐화되던 때가 있었다. 한국에서 가까운 이웃나라이고 해서 한국의 목수와 도움에 필요한 인력을 보내주겠다고 정부가 발표하자 일본 측에선 냉담한 반응을 보였다. 한국의 목수가 와서 무엇을 하겠느냐는 식이었다. 한국 목수가 와서 기술적인 일보다는 허드렛일 정도의 일만 할 것 아니냐! 이렇게 우리의 실력을 무시하는 것이 일본인들의 전체적인 사고인 것 같다.

왜 한국의 목수가 이토록 인정을 못 받게 되었을까 고민을 하게 되었다. 그것은 우리 목수들이 스스로 만들어낸 결과라고 생각한다. 오랫동안 못 배우고 무식한 직업 중 하나가 바로 목수라고 여긴 데다 종사하는 사람들 대부분 학력과 공부는 접어두고 그저 일만 할 줄 아는 그런 사람들로 평가하니 자존심도 상하고 무시당한다는 생각에 억울하기도 했다.

하지만 지금은 많이 달라졌다. 우리나라의 전체 학력이 올라간 것도 이유이기는 하지만 최근에는 더욱 목수 일에 관심을 갖는 사람들의 대다수가 고등교육자들이라 인식이 많이 변했다. 게다가 디자인 분야가 직업인 사람들도 있고 목공 분야에 연관성이 있는 분야의 전문가도 목공에 관심을 보이고 있다.

그런 이유로 하와이에 가기로 한 계획은 연봉을 조정하다가 일본업체에서 편의시설과 가족동반이라는 내 조건에 터무니없는 금액을 제시해 나중에는 국내에서 일해도 그 정도는 되겠다 싶어서 하와이에서 일할 계획은 없던 일로 되어버렸다. 만일 그 계획이 성사가 되었더라면 나의 지금의 상황은 어떻게 되었을지 가끔은 떠올려 보기도 한다.

최근에 목공교육을 하다보면 간혹 일본 기업 또는 일본에서 오랫동안 생활하다가 오신 분들이 교육에 참여할 때가 있다. 그분들과 기회만 되면 일본에 한국의 젊은 목수를 진출할 수 있는 채널을 좀 열어달라고 부탁을 한다. 한국의 목수가 얼마나 실력이 뛰어난데 일본인들이 아직도 우리 실력을 몰라보고 무시하는가. 국제기능올림픽에서 일본 선수가 한국 선수를 이겨 본 적이 있느냐고 묻고 싶다. 국제기능경기대회에서 일본은 한국과는 상대가 되질 못한다. 한국의 라이벌은 독일과 유럽의 몇몇 국가 정도다. 그 나라에서는 한국 선수들의 실력을 이미 알고 있기 때문에 한국 선수를 따라잡기 위한 여러 가지 준비를 철저하게 하고 있다. 일본 순위는 중간 정도에 지나지 않는다. 그런데도 한국 목수를 우습게 보고 있으니 언젠가는 기회만 된다면 우리의 실력을 꼭 보여주고 싶다.

요즘엔 목공을 미래직업으로 생각하고 배우러 오시는 분들은 예전과는 차원이 다르다. 학력은 물론이고 국내의 대기업 출신과 영화감독, 연극배우, 대학교수, 병원원장, 학교선생님, IT관련 업종 종사자, 보험 금융권, 프로골퍼, 스포츠강사 등의 업종에 종사하던 분들이 목공을 취미로 또는 미래직업으로 전업하기 위해서 찾아온다. 그래서 한국 목수의 위상도 많이 달라지는 느낌이다.

나는 그분들에게 이론과 실무에 관한 교육을 하고 있다. 그리고 현장에서 겪은 경험담을 모두 전달한다. 그동안 해왔던 시공 자료도 공유하고 현장에서 발생될 만한 안전사고에 대한 경각심도 충분히 전달한다. 간혹 수강생 분들에게 왜 목수라는 직업에 관심을 갖게 되었는지 질문을 하기도 한다. 그러면 대부분 '머리보다 몸으로 하는 직업'을 찾다 보니 이렇게 오게 되었다라고 하시는 분도 있고, 젊은 사람들은 기술이 있어야 장가가는 데도 유리하다고 판단해서 결정을 했다는 경우도 있는 것처럼 예전과는 다르게 목수라는 직업이 인지도가 높아진 것도 사실이다. 예전 같으면 장가가기 힘든 직업이 목수였는데 세상이 이렇게 급변해 지금 와서 사람 대우를 받게 될 줄을 누가 알았으랴!

　얼마 전에 일본 큐슈九州문화재 탐방의 길에 구마모토熊本에 들렀다. 얼마 전에 지진으로 구마모토성이 붕괴가 되어서 복구공사가 한창인 때였다. 현장의 정리정돈과 철저한 안전장비의 착용 그리고 현장의 관계자들이 자부심으로 일을 한다고 한다. 우리나라 시골에서 입고 다니는 몸뻬라는 작업복 형태의 옷이 있다. 일본에서는 이런 복장을 시내에서도 자랑스럽게 입고 다닌다는 것이다. 건설현장에서 입는 작업복이 신분을 표시라도 하듯이 당당하게 입고 다닌다고 한다. 그런데 우리의 현실은 어떠한가? 노가다라는 인식이 예전부터 안 좋은 인식으로 자리 잡아서 아직까지도 그런 시선을 피할 수 없는 실정이다.

　외국은 목수 분야가 더 다양하다. 캐나다의 경우 '캐비넷메이커'라는 직업군이 따로 있다. 우리나라의 예를 들면 기성가구, 맞춤가구, 수납가구, 주방가구, 붙박이장 등의 합성목재를 재단해 완성한 가구를 납품하거나 설치하는 직업을 케비넷메이커라고 부른다. 캐나다의 경우엔 목조주택의 업무에 종사하는 목수가 가장 많은 편이다. 시공을 위해 외국에 나가는 기술자들도 있고 특히 북미 지역의 경량목조주택협회ABS가 오랜 역사를 바탕으로 세계 시장에 점유율도 꽤 높은 편이다. 이러한 현상은 스웨덴의 이케아 가구보다 규모는 작아도 목재의 원자재가 풍부한 나라이다 보니 가공목재로 제작한 제품의 수요도 많은 것 같다. 그리고 이케아는 세계 시장을 무대로 마케팅을 하기 때문에 생산 시스템도 대규모일 수밖에 없다.

이처럼 글로벌 시대에 대비하여 한국 목수의 위상을 널리 알리고, 한국인의 손재주와 독창적인 기술을 세계시장에 전파하는 날이 오기를 기대해 본다.

6

좋은 집은 목수가 짓는다

집을 짓는다는 것은 평생에 한 번이거나 그마저도 못 이루고 일생을 살아가는 이들이 세상엔 너무도 많다. 삶의 질이 나아져서 나 자신의 노후를 위해 혹은 가족과의 건강을 위해 전원에 집을 짓고 살기를 꿈꾸고 바라는 사람도 많을 것이다.

그런데 요즘은 전원에 집을 짓기 위해서 예비건축주들이 수년 동안 발품을 팔아가면서 현장탐색을 하고 집짓기와 건축에 관한 책을 여러 권을 준비해 탐독을 하고 그것도 모자라서 예상했던 지역을 다니며 완성된 주택의 가주와 대화를 통해 정보를 얻곤 한다. 하지만 가주들도 시공자와 의뢰자의 관계에서 공사기간 동안 서로 사이좋게 마무리 되는 경우가 많지가 않다. 문제의 발단은 대부분 아주 사소한 일로부터 문제가 불거지면서 감정의 골이 깊어지게 되는 것이 건축현장의 생리다.

나는 그동안 신축과 인테리어 공사를 하면서 건축주와 마찰을 빚어 본 적이 없다고 자부한다. 처음 시골에 어머님 집을 짓고 벌써 21년이란 세월이 흘렀다. 그 후로 직접 지은 집도 있고 신축현장에 목공 분야만 도급방식으로 공사를 진행도 했으며, 리모델링 공사는 여러 군데 진행했다. 과거에 리모델링했던 가주분과는 지금도 연락을 하고 지낼 정도로 의뢰자와 시공자 간의 허물이 없다. 이런 정도의 상황을 만들려면 누군가 한쪽이 먼저 양보하고 배려하면 가능한 일이다. 하지만 사소한 일로 서로 맞부딪치고 평행선을 달리다 보면 집은 집대로 정성을 담기가 어렵게 되고, 마음의 상처는 깊어만 가게 되는 것이 현장에서 발생한다. 이러한 일들을 사전에 방지하고자 계약서의 조항을 강력히 한다고 해서 해결될 사안은 아니다.

의뢰자는 평생에 한 번 집을 짓는 대역사를 진행하려다 보니 신경이 예민해지는 것은 당연한 일이다. 그리고 공사 초기부터 불신이 생기기 시작하면 지붕마감 할 때까지 불신은 따라다닌다. 그렇다고 초기에 의뢰자를 설득하고 달래서 신뢰를 얻을 방법은 없다. 현장에서 서로 간의 의견을 수렴하고 조율하다 보면 해결책이 있기 마련이다.

그런데 문제란 본디 문제를 삼으니까 문제가 되는 것이다. 예를 들면 동업자 간의 트러블이 생기는 경우도 아주 사소한 일로 진흙탕 싸움을 하는 것이 주변에 흔하다. 그러다가 그동안 쌓아왔던 인연마저도 하루아침에 의가 상해 척지고 사는 사람도 있었을 것이다. 그래서 "옛말에 동업은 도시락 싸가지고 가서 말려라"고 했다. 그런데 동업으로 성공을 이끌어나가는 분들도 많으니 너무 부정적인 면만 생각해서도 안 된다. 우리나라의 문화에는 동업이란 긍정적인 면보다는 부정적인

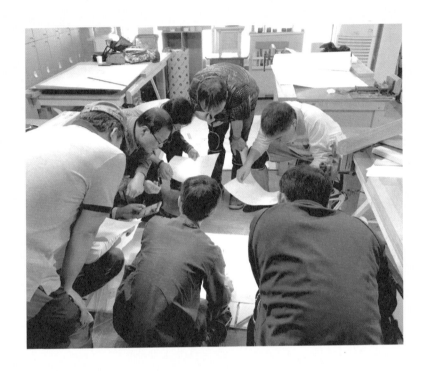

현대 건축의 형태가 세분화되면서 각 공종별로 나누어지면서
목수의 위상도 예전 같지가 않다.
현장에서 권한은 약해졌지만 그래도 목수가 그 역할을
많은 부분에서 대변하고 있다.
더 나아가 목수가 하는 중요한 일들이 있다는 것이다.

면이 조금은 강해 보인다.

현대 건축의 형태가 세분화되면서 각 공종별로 나누어지면서 목수의 위상도 예전 같지가 않다. 그래도 현장에 나가면 목수양반이라고 부를 정도로 과거의 목수의 위치가 약간은 남아 있는 듯하다. 주택 한 채를 지으려고 가주는 끊임없이 공부하고 연구하고 수년 동안 발품 팔아서 최종적으로 내 삶을 담을 공간을 설계하고 그리고 대부분 설계사무실에 시공을 의뢰하는 경우가 태반이다. 설계사무실에서는 몇몇 시공업자와 건설업체를 알고 있는 것이 일반적인 사항이다. 이런 경우 소개를 해주면서도 시공업체한테 간절한 부탁을 하게 된다. 부탁이라는 것이 별것도 아니다. 공사 마무리되는 날까지 탈 없이 무사히 완공이 되기를 소망하면서 말이다. 이렇게 처음 의도한 대로 아무 일없이 매듭이 되면 얼마나 좋겠는가! 그런데 별일 아닌 것으로 옥신각신 불평을 하기 시작하면 일은 걷잡을 수 없는 방향으로 나아간다. 그래서 집 지을 때 소개한다는 것은 항상 위험을 감수해야 한다.

세상 일이란 것이 항상 나쁜 일만 일어나는 것은 아니다. 현장에서 권한은 약해졌지만 그래도 목수가 그 역할을 많은 부분에서 대변하고 있다. 더 나아가 목수가 하는 중요한 일들이 있다는 것이다. 그런데 간혹 민감한 가주를 만날 때도 있다. 그런 케이스가 바로 현장에 투입된 목수보다 더 많이 학습한 가주가 등장하는 때다.

지방의 어느 현장에서 실제로 있었던 일이다. 가주는 초반에 기선제압을 하려는 듯 전문용어를 구사하면서 집짓기 위해 그동안 갈고 닦은 실력을 모두 꺼내어 평생에 한 번 짓는 집인데 제대로 해야 한다는 생각으로 현장에서 진두지휘하려는 분도 만난다. 그런 분들은 아마도 전원주택과 시공에 관한 도서만 해도 30여 권 이상을 읽은 분들이다.

하지만 집이란 책만으로는 지을 수 있는 것은 아니다. 물론 많은 정보와 도움을 얻을 수는 있다. 그 책 속에서 좋은 정보를 수집하고 깊게 고민하고 결정을 내렸다면 그다음은 시공을 신뢰하면서 지켜봐도 될 일이다. 왜냐하면 좋은 집은 목수가 짓기 때문이다. 위와 같은 깐깐한 건축주를 만나면 다른 방법으로 설득하려다가는 문제가 더 커지기 쉽다. 그래서 해결책은 바로 성실 시공만 하면 되는 것이다.

그런 방법을 쓴다고 해도 불신이 한순간에 사그라지지는 않는다. 반복적으로 하다 보면 어느 순간 상대를 믿고 따라오게 된다. 이렇게 되기까지는 어려움을 이겨내고 실력으로 보여주는 것이 상책이다. 그렇게 되고 나면 나머지는 일사천리이다. 그렇다고 대충주의로 눈가림한다는 건 절대로 아니다.

건설현장에서 트러블이 발생되는 빈번한 사례들이 있다. 그것은 재료에 대한 불신과 시공방법이 대다수 차지한다. 보통 소규모 주택의 경우 설계와 감리를 병행해 진행한다. 그리고 시방서에 의해 시공하게 되는데 전국에 사용되는 시방서의 양식은 별반 차이가 없다. 특기사항이 있는 경우에만 별첨해 기록을 하는데 이러한 공사의 경우엔 설계자와 가주 그리고 시공자 삼자 회동을 통해 사전조율을 하고 통상적인 시공방법 외에 특수 시공에 대한 내용을 도면과 함께 풀어서 설명하는 것이 가장 현명한 방법이다.

목수의 분야 중에서도 신축공사의 경우 도면을 받는 분야가 바로 형틀공사를 담당하는 목공팀장이다. 도면에 맞추어 규준틀을 설치해 집의 배치를 정하는 작업이다. 나의 손으로 배치해서 신축을 진행했던 주택과 빌라 그리고 근린생활건축물이 다수 있다. 이렇게 중요하면서도 막중한 임무를 맡은 분야가 바로 거푸집 목수가 하는 일인데 문제는 형틀 목공 일을 별로 대단찮게 바라보는 데 있다. 기초공사에서부터 옥탑까지의 골조공사를 시공하면서도 일반인들의 시선으로는 막일처럼 보이는 것이다. 내가 과거에 형틀 목수도 해봤다고 해서 동조하는 것은 아니다. 다만 겉으로는 나타나지는 않을 뿐 건물의 수명의 기초를 쌓는 형틀 목공의 중요성을 간과하고 목수 분야 중에서 가장 푸대접에 노임단가도 낮게 책정된 것이 안타깝다는 것이다.

요즘 2019년 초에만 해도 인테리어 목공의 노임이 30만 원대에 육박할 정도로 급격한 상승곡선을 그리면서 인상폭이 높게 올라가고 있는데 형틀 목공은 20만 원대에 머물고 있다. 내가 보기에는 형평성이 안 맞는다. 이런 사태에 대해서 전에도 언급을 했었다. 연중에 일을 할 수 있는 날짜를 봐도 결과치가 바로 보인다. 일당단가가 높은 인테리어 목공이 훨씬 일을 더하고 더 나은 환경에서 일하고 있는 것이다. 이러한 현장의 괴리감에 대해서 언젠가는 조정해야 한다고 본다. 나는 교육 중에도 이 상황을 설명하고 그분들을 무시해서는 안 된다고 역설한다.

상황이 이렇게 변질이 된 데에는 몇 가지 요인이 있다. 기술보다는 단순노동이라는 시각에서 시작되었다. 그 자리를 동남아 출신 노동자들이나 중국 교포들이 대부분 채우고 있는 실정도 기술의 중요성보다는 힘쓰는 조립공의 일로 치부하는 풍조로 이끌었다. 언젠가는 골조공사를 전담하는 형틀 목수들이 대우받는 그런 날이 왔으면 하는 바람이다.

　중국 교포 및 동남아 국가의 저임금의 단순노동 인력도 언젠가는 고국으로 가게 될 것이다. 본국의 국민소득이 높아지면 본국으로 돌아가는 것이 자연스러운 경제흐름이고 질서다. 아주 크게 수입 차이가 나지 않는다면 누구나 내 나라에서 가족과 함께 일하면서 살기를 바란다. 좋은 집은 목수가 짓는다. 이렇게 건축에서 기초공사를 담당하는 목수에서 내부 인테리어의 몰딩 마감까지 건축주 일가의 생활을 담는 그릇을 빚는 대한민국 목수들의 삶이 나아지기를 간절히 바란다.

7

현장전문가만이
기술전수가 가능하다

경험은 실력을 키우고 실력은 자신감을 키운다. 즉 내가 가지고 있는 모든 경험과 실력은 강한 자신감으로 나타난다. 현장과의 오랜 세월은 고급기술을 만들어낸다. 현장의 기술은 책에 담기에는 한계가 있다. 그러므로 몸에서 몸으로 전해지는 특별함이 현장에만 있는 것이다. 특히 건축 분야에서 기술을 가장 많이 보유하고 있는 직종이 어느 분야냐고 묻는다면 당연히 목수의 자리가 굳건히 일등이라는 것에 의문을 제기할 사람은 없다. 현장에서 야기되는 일들은 무수히 많다. 이런 반복적인 일은 경험하고 체득하면서 세뇌되듯이 기술이란 거듭나기를 위한 반복적인 일상에서 비롯되는 것이기 때문이다.

나는 누구보다도 현장에서 머문 시간이 많다. 한 분야의 직업에서 오랫동안 일한다는 것은 큰 혜택을 받은 인생이다. 내 손의 기술을 전수한다는 것은 가슴이 뛰는 일이다. 나는 교육을 준비하느라 오래 전부터 다양하게 스펙관리를 해왔다. 타인에게 교육을 하려면 나름대로 기본적인 소양이 있어야 하고 필요한 자격증도 갖고 있어야 한다. 현장에는 지금도 경력도 많고 실력도 뛰어난 분들이 일하고 있다. 그런데 실력은 충분한데도 교육할 자격을 갖추지 못해 가르치지 못하는 분들이 많다. 가르칠 종목도 다양하듯이 자격증의 종류도 그에 맞춰 다양하게 있어야 강의할 수 있다.

요즘은 강사의 요건도 강화되어 범죄경력도 조회하고 교육청에 등록되는 서류도 복잡하게 많은 편이다. 그리고 수시로 교양 및 NCS교육에도 참석해야 한다. 국가직무능력표준NCS는 이제 사회 전반에 없어서는 안 되는 중요 항목으로 자리 잡고 있다. 공공기관과 기업체 그리고 개인에 이르기까지 모든 과정이 NCS를 떠나서는 사회구성원으로 발붙일 곳이 없을 정도이다. 이러한 NCS제도를 준비하느라 10여 년 이전부터 준비를 해왔다.

이미 선진국에서는 오래전부터 시행을 하고 있다. 교육도 현장과 괴리감을 최소화해 현장에 투입되면 곧바로 참여가 가능한 인력을 양성하고자 하는 데 목적을 두고 있다.

독일은 학력보다 기술자 우대 풍조가 잘 되어 있는 선진국이다. 건설현장의 기능공들은 대학진학을 포기하고 기술을 습득하고 작업복은 허름해 보이지만 일터에서도 아무도 그들을 무시하는 눈빛 같은 건 없다. 기술 분야에 종사하는 자체를 자랑으로 여기고 그 자부심도 상당하다.

우리나라는 부모의 기술을 전수받는 경우가 극히 적은 편이다. 옆

사람들은 누구나 꿈을 꾸게 되지만
모두가 꿈같은 인생을 살기는 어렵다.
로망을 위해서라면 무리해서라도 저지르는 것이
현대인들의 생존전략처럼 보인다.
그렇지만 나에게는 로망보다는
하나의 꿈인 교육을 위해 사는 것이었다.

나라 일본만 봐도 상황은 전혀 다르다. 우동집만 해도 몇 대를 이어 가업을 이어가는 가족 기업이 흔한데 우리나라는 고학력 스펙 쌓느라 공부에 매달린 시간이 대학 4년제 기준으로 16년 동안 공부만 한다. 그런데도 취업을 하자면 일자리가 없어서 또 몇 년을 소비하면서 관련 자격증을 준비하는 취업준비생도 있다.

그렇다면 이 상황에서 취업을 하게 되면 과연 몇 년을 근무하게 될까! 최근 대기업 기준으로 근무 연한을 조사해보니 길어야 근무 연한이 10년~20년쯤이다. 이 정도의 근무기간 동안에 노후준비를 위해 저축을 하거나 재테크를 통해 인생2막에 대한 준비가 가능할까? 수치상으론 어렵다는 말이 먼저 나온다.

게다가 이직을 할 경우엔 새로운 분야의 기술을 배우거나 전공 이외의 공부를 또 해야 하는 번거로움과 적지 않은 비용이 발생된다. 그나마 기술이 없이 사무직에서 퇴직한 사람들의 경우는 남은 생을 어떻게 준비하면서 살아야 하는지 요즘 들어 걱정을 하는 지인들의 이야기를 듣게 된다.

목수는 내가 일을 그만두면 정년일 뿐 정년이 따로 없다. 인생을 살아가면서 준비할 것들이 많다. 그중에서도 생존의 욕구를 채워야 하기 때문에 경제력이 가장 비중이 크다. 목수는 건강이 허락되는 날까지 할 수 있는 프리랜서다. 실력만 있으면 나이는 중요치 않다. 이렇게 나이 제한 없이 할 수 있는 것이 또 하나 있다. 그것은 바로 작가인데 글을 쓴다는 것이다. 작가도 정년이 없이 글쓰기로 남은 생을 즐기면서 살 수 있는 직업군에 들어간다. 그래서 '목수는 건강이 정년이다'.

우리 사회에서 기술자 우대론을 거론한 지 얼마 안 된다. 1997년도

172

IMF사태 이후 약간 지각변동이 있었다. 하지만 '어떻게든 살길이 있겠지' 하는 방관의 세월을 10여 년 보냈다. 그러다가 본격적으로 "기술만이 살길이다"로 움직이게 된 건 불과 10여 년 정도에 지나지 않는 듯하다. 내가 목수로만 살아왔지만 네 식구와 생활하면서 별 어려움이 없다. 남들은 어려움이 없다고 하면 잘 사는 것으로 오해한다. 남에게 아쉬운 소리 안 하고 산다는 의미다. 그렇다고 노후준비를 완벽하게 해놓은 것도 아니고 그저 건강이 허락되는 날까지 할 일이 쌓여 있다는 것이다. 이것도 보험을 잘 들어 놓았기에 가능한 일이다. 내가 보험을 들어 놓았다는 것은 바로 자격증이다. 여유가 생기는 대로 나 자신에게 투자를 했으니 보험료는 확실히 지불한 셈이다. 그래서 "자격증은 보험이다."

　사람들은 누구나 꿈을 꾸게 되지만 모두가 꿈같은 인생을 살기는 어렵다. 하지만 로망을 이루면서 살아간다. 로망을 위해서라면 무리해서라도 저지르는 것이 현대인들의 생존전략처럼 보인다. 그렇지만 나에게는 로망보다는 하나의 꿈인 교육을 위해 사는 것이었다. 얼마 전에 충남 청양의 스승님 산소를 다녀오면서 또 한 번 깊게 생각했다. 내 스승님처럼 기술을 전수하는 소명이 내게 주어지리라고는 생각도 못했었다. 그런데 행운도 따르고 복도 많은 사람이라서 교육도 하고 건강이 허락하는 한 노년까지도 일할 수 있다. 지금도 보고 싶은 책도 열심히 보면서 시간 나는 대로 글을 쓰고 있으니 문득 내가 누리는 감사함이 더 없이 크게 느껴진다.

　요즘은 콘텐츠 만들기에 여념이 없다. 그동안 현장에서 겪었던 과정을 목차를 정리하다 보니 책의 목차보다 세 배는 더 많은 100개 이상 준비되어서 이것들을 콘텐츠로 제작 중이다.

현재 목공 분야는 심도 있게 다룬 작품이 별로 없다. 그래서 전문서적을 준비하면서 공동 작업으로 영상물도 제작하고 있다. 이것이 앞으로 내가 추진하는 기술교육의 표준이 될 것이다. 도면을 이해하는 것부터 수공구 익히기, 현장에서 쓰는 전문용어 등 다양한 기술을 정리하는 등 전반적인 목공에 대해서 다루게 될 것이다.

현장에서 터득한 고급기술들이 많다. 그런데 교육시간에 그런 고급기술을 공개해도 잘 이해하는 사람들이 적다는 것이다. 인생살이가 그러하듯이 체계적으로 한 발 두 발 단계적으로 올라가는 것과 다를 바가 없다. 그런데 기술을 빨리 배우고자 하는 욕망은 앞선다. 준비는 안 되어 있으면서도 마음이 앞서는 안전이라는 그물망이 그냥 넘어가도록 놔두지 않는 것이 가장 큰 걸림돌이다.

기술습득은 운전기술과도 흡사하다. 초보 때 습관을 잘 관리하면 무사고로 이어지듯이 현장의 기술도 마찬가지이다. 건설 분야의 기술은 대부분 안전사고를 무시하고 넘어갔다가는 언젠가 화로 돌아오게 된다. 내가 지금도 건강하게 현업에 종사하는 이유는 단 한 가지이다. 바로 안전수칙을 잘 지켜 왔으며 지금도 안전 앞에서는 머리를 숙이는 평소의 생활습관이 몸에 배어 있기 때문이다. 안전하지 않고서는 교육도 있을 수 없다. 한 번 방심한 것으로 나 자신과 가족, 부모형제조차도 돌이킬 수 없는 후회 속으로 몰아넣어버리기 때문이다.

8

긴장의 끈을 꽉 잡아라

긴장한다는 것은 흐트러진 모습을 보이지 않으려는 것이다. 경쟁자가 있어서 긴장을 하는 것도 아니다. 긴장은 현장에서 일을 무사히 마치게 해준다. 목수 초년에 배인 긴장은 나이가 들어도 쉽게 달라지지 않는다.

요즘 젊은 목수들한테는 어떤 미래가 펼쳐질까. 다른 건 모르지만 세상의 만물이 변해도 사람의 손으로 하지 않으면 안 되는 직업은 위력을 잃지 않을 것이다. 다만 내가 참가했던 지난 1981년 당시 전국기능경기대회를 보면 그때 각광받던 직종들 가운데 지금은 부침을 겪고 사라지거나 존재 의미가 약해진 것이 여럿이다.

그런데 목공 분야만큼은 전혀 흔들림이 없고 오히려 더 세상 사람들이 관심을 갖는 직업이 되었다. 당시 대회에 참가했던 사람뿐만 아니라도 훗날 이 변화를 예측한 사람은 거의 없었다. 물도 흐르지 않고 바꿰지 않으면 고여 썩는 이치와 같이 사람도 끊임없이 갈고, 닦고, 배우고, 성장하지 않는다면 기술도 능력도 녹슬게 되어 언젠가는 서 있을 자리가 위태롭게 된다.

사람들이 나를 알게 되면 평범찮게 살아왔다고 한다. 탁월한 손재주를 가졌다, 개천에서 용 났다, 흙수저의 혁명이다. 낯간지럽지만 이런 얘기도 여러 번 들었다. 말하자면 성공했다는 것일 텐데 그런 얘기가 나왔다는 건 이제 그간 쌓아놓은 보따리를 하나하나 풀어 정리 단계가 왔다는 뜻일 거다. 이런저런 이유로 여태 보따리 속의 기술을 주섬주섬 챙겨서 정리하고 있다. 가치는 나누면 나눌수록 더 높아진다고 했다. 이러한 것들을 행동으로 옮기면서 나를 관리하는 능력도 높아질 것으로 본다. 오늘도 긴장 속에서 에너지를 뽑아내고 있다. 나만의 콘텐츠는 나무와 같이 단단한 만큼 반드시 세상에 에너지를 전파하는 책이 되어 주기를 간절히 소망한다.

목수 생활을 하며 46년 동안의 현장 경험과 그리고 연장 앞에서나 사람들 앞에서도 항상 초심을 생각하는 것은 나무를 연구하는 목수로, 때로는 글을 쓰는 사람으로 여러분 곁에서 최선을 다할 것을 다짐하기 위함이다. 미력한 나의 힘으로 많은 사람들에게 반드시 좋은 목수의 길을 안내할 것이다. 오늘도 목수가 되고자 나를 찾아온 분들께 모쪼록 최선을 다해서 현장에 필요한 도움을 줄 수 있는 신선한 에너지를 만들고 있다.

이제 막바지 글로 접어드니 마음이 착잡해진다. 문득 내 부모님을 위해 뭘 해드렸나 하는 생각이 든다. 그저 내가 외길로 목수 인생을 갈팡질팡하지 않고 살아왔다는 것도 작은 효도였다고 믿는다. 부모님은

176

일제 강점기와 전쟁을 겪은 세대다 보니 나보다 훨씬 혹독하고 힘겨운 삶을 사셨다. 그래도 부모님들이 자식들이 잘되기를 빌어주신 대가로 지금 우리가 이 땅에서 행복을 누리고 더불어 살아가고 있다. 지금의 젊은 세대도 급격하게 바뀌는 사회 구조에 당장은 취업 문제 등으로 힘겹지만 결국 더 많은 정보와 미래 과학에 힘입어 그들의 미래도 밝을 거라고 믿는다.

꿈을 꾸지 않는다는 것은 이미 나이가 들었다는 징표다. 사람들은 누구나 자기의 길이 정도라고 믿고 그렇게 살아간다. 바른 길로 가면서 좋은 일만 하면서 살아도 짧은 것이 인생이라고 한다. 외길 인생의 끝자락에 와서 이제야 자신을 돌아보고 펜을 들었다. 살아온 이력을 나열하다 보니 지나온 과거의 발자취가 땀으로 얼룩진 낡은 일기장과도 같다. 오랜 세월 일에 파묻혀 살아왔지만 더 나은 삶으로 가려고 마음먹은 것이 바로 이 글쓰기다. 그렇다고 내가 글을 잘 쓸 줄 아는 것도 아니고 특별한 게 있어서도 아니다. 내가 쓴 글이 세상의 젊은 목수들과 어려운 환경에 처해 있는 사람에게 작은 에너지가 되기를 간절히 바라는 마음에서다.

4장

목수의 길을
걷다

1

전기 없는 깡촌

내가 태어난 곳은 충남 청양군 비봉면 녹평리 295번지이다. 1960년, 여느 시골과 같이 가난한 농부의 둘째 아들로 태어났다. 태어나자마자 홍역을 앓게 되어 생사를 알 수 없는 상황이 되자 출생신고도 안 하고 1년을 보내고 나서야 면사무소에 출생신고를 했다고 하니 모질게도 시작된 인생길이었지만 지금껏 살아서 가정도 꾸리고 버젓이 사회인으로 살아가고 있다.

겨울철 농한기에는 새끼줄을 꼬아서 가마니를 짜는 게 일이었다. 해마다 하는 초가지붕의 이엉도, 볏짚으로 엮어서 지붕에 얹어서 굵은 새끼줄로 동여매는 일도 연중행사였다. 산에 가서 나무를 해야 하는 것도 겨울방학 내내 하는 일과였다. 눈 내리는 날은 새덫을 놓아서 멧새와 콩새를 잡기도 했는데 그때도 손재주가 좋았던지 새 덫을 만드는 기술을 동네에 다 퍼트렸다. 또 개울에 농사짓기 위해 막아놓은 작은 보에 얼음이 얼면 썰매를 타고 얼음이 녹을 무렵이면 얼음 배를 만들어서 타기도 했었다.

가장 힘들고 어려웠던 것은 산에 가서 나무 해오는 것과 쇠죽 끓여야 하는 것이었다. 아침 일찍 일어나서 눈을 비벼가며 가마솥에 쇠죽을 끓여놓고 학교에 갔다. 아궁이에 볏짚을 지펴서 불을 땔 때 바람이라도 부는 날이면 거꾸로 연기가 역류해 부엌이 연기와 재로 부옇게 차는 건 꼭 우리 집 아니라도 당시 시골에서는 평범한 일상이었다. 나무 하러 산에 가서 노간주나무가 보이면 꼭 챙겨서 나뭇짐 속에 꽂아서 가져왔다. 가마니 짜는 데 바늘용으로 쓰는 노간주나무는 말려두었다가 다음 해 겨울에 가마니 짜는 도구로 썼다. 그리고 썰매 지치기 할 때 필요한 송곳으로 쓸 것도 같이 베어다가 껍질을 벗기어 말리곤 했었다.

여름방학이라고 해서 별로 다를 것이 없다. 늘 소, 돼지 먹일 꼴을 베어다 여물로 먹이는 것이 하루 일과다. 들에 소를 묶어 쇠말뚝을 박아놓고 친구들과 개울에서 물장구도 치고 고기도 잡는 것은 시골아이들만이 누리는 즐거움일 거다. 집 대문 앞으로는 도랑이 흘렀다. 아주 오래 전에 큰 개울에 보를 막아서 농사지을 물로 쓰려고 동네 길 옆으로 물길을 만들었던 도랑이었다. 그런데 우리 집은 부엌이 지면보다 낮아서 비가 많이 오는 날이면 어김없이 물이 넘쳐 들었다.

장마철이 되면 부엌 아궁이에서 역류한 물을 퍼내는 것도 아예 여름 장마철 행사인데 아궁이 앞에는 종그락_{작은 바가지의 일종}으로 퍼낸 자리가 깊이 파여져 있을 정도였다.

가을철 수확이 다가오면 논에 나가 벼를 베고 논두렁 콩을 튀겨주시던 아버지가 떠오른다. 운 좋은 날은 뜸부기 알을 찾아서 논바닥에서 논두렁 콩과 함께 구워 먹던 일도 생각난다. 그렇게 평생 농사일만 하시다가 더 나은 돈벌이가 되는 홍성 쪽에 있는 광산에서 광부로 일하다가 사십대 중반 불의의 사고를 당하셨다. 한창 왕성한 나이에 허리에 부상을 입고 평생 장애를 갖고 살면서도 장애인 대우도 한 번 못 받고 사셨다.

결국 이 아들의 며느리도 못 보시고 궁핍한 식솔만 남겨두고 환갑도 못 치르시고 세상을 떠나셨다.

나는 못 배운 것을 누구를 원망하거나 탓한 적이 없다. 지난날을 회상해보면 그때마다 당연한 걸로 받아들였으며 가난이라는 것이 무엇인지도 나중에야 알았기 때문이다.

그랬던 그 시절에는 밥 세 끼 대신에 한 끼는 옥수수와 고구마, 계절에 따라서 삶은 감자 등으로 허기를 때우던 시절이었다. 학교를 마치고 집에 와서 솥뚜껑을 열면 가마솥에 삶은 감자가 있거나 옥수수 그마저도 없을 때는 시렁물건을 얹어놓기 위해 방이나 마루 벽에 두 개의 긴 나무를 가로질러 선반처럼 만든 것에 얹어놓은 삶은 보리밥이 기다리고 있었다. 그나마 여름철에는 먹을 것이 없으면 텃밭에 단수수가 있어서 입에 상처를 입으면서도 단맛에 깨물어먹던 시절이었다.

지독한 가난과 강도 높은 농사일 그리고 겨울을 나기 위해 가까운 산에 가서 나무를 해오는 것이 형과 내가 하는 농번기의 생활이었다. 소 한 마리를 키우는데 나와 형은 교대로 꼴소 먹이는 풀베기을 베어야 했고 농한기라고 편할 날이 없었다. 우리 부모님들은 논에 두엄 작업과 다음 농사준비 할 일들을 학교에 가는 것보다도 중요하게 여기셨다.

나는 육남매(4남 2녀) 중에서 둘째로 태어나서 위에 형이 있고 내 밑으로는 남동생 둘, 여동생이 둘이다. 형과 나는 초등학교 때부터 한 학년 차이로 학교를 마친 연년생이다.

초등학교 6학년 마칠 무렵에 동네에 전기가 들어왔다. 그때는 내가 청양청소년직업학교에 입학하는 시기였다. 직업학교는 거리가 이십 리 떨어진 청양 읍내에 있었다. 어두운 등잔불 밑에서 살다가 전기도 들어오고 이젠 매일 읍내에 버스도 타고 다닐 정도가 되었지만 그렇다고 우리 집 형편이 나아진 것은 아니었다.

직업학교는 정부에서 지원해주는 비용으로 운영하는 곳이었다. 목공기술과 청양초등학교의 선생님 몇 분이서 다른 과목도 함께 가르쳐주셨다. 지금 생각해보니 중학교 과정으로 국어, 영어, 수학 등 몇 개 과목도 배웠다. 직업학교에 다니면서도 이십 리 길을 걸어서 다닌 때가 여러 번 있었다. 버스표를 사야 하는데 그 당시 15원으로 기억된다. 버스비 아끼려고 걸어다녔던 것이다. 어떤 때에는 형이 중학교 다니면서 타던 자전거를 내어주기도 해서 신나게 타기도 했다.

우리 집은 동네에서도 지게를 가장 오랫동안 사용하던 집으로 유명하다. 우리 집에는 지게가 두 개가 있었다. 아버지 하나, 그리고 형이 쓰던 지게이다. 나는 키가 작아서 지게를 지면 땅에 끌려서 지게는 못 지고 나무를 하러 가도 멜빵으로 날랐다. 그래도 형이 지던 지게를 간혹 끈을 조절해 꼴을 베러 갈 때는 쓰기도 했었다. 시골은 해마다 이런 과정이 반복된다.

그러다 전기도 들어오고 동네에 흑백 텔레비전이 하나둘 안테나를 세우기 시작했다. 마침 옆집에 텔레비전이 있어서 그 당시 박치기 왕으로 불리던 김일 선수의 레슬링을 흑백으로 보기도 했다. 그러다가 화면이 지글거리면 안테나 돌리러 뒤꼍으로 가는 때도 있었다. 이때에 코미디언 배삼룡 씨와 이기동, 구봉서, 이대성 등이 인기를 끌던 시기였다. 리어카도 동네에서 가장 꼴찌로 장만했다. 이렇게 여유 없는 형편이지만 모든 것을 당연한 것으로 여기고 살았다.

들판 한 가운데에 자리 잡은 동네는 겨울에 무척이나 바람도 세고 추운 곳이었다. 앞에는 사시사철 흐르는 무한천 개울이 있었고, 뒤에는 논이 펼쳐진 흔하게 볼 수 있는 시골 풍경이다. 갖고 있는 논이 적어서 힘든 생활은 변화가 보이질 않았다.

우리 논은 동네 한가운데에 생선꼬리 모양으로 두 마지기가 있었다. 동네 한가운데에 논이 있으니 쥐의 피해가 이만저만이 아니었다. 그래서 그때 어린마음에도 미꾸라지나 붕어를 길러서 팔면 어떨까 하는 생각도 했었다. 찌든 가난과 싸웠지만 불편하다는 생각은 들었어도 창피하다는 느낌 같은 건 없었다.

한번은 학교의 문고에서 토끼 기르기에 관한 책을 보고 그럼 진학이 어려울 것 같으니 토끼를 길러 볼까 생각한 적도 있는데 아무래도 뚝딱거리고 만드는 것 좋아하니까 그런 발상도 나왔던 것 같다.

문맹이셨지만 어머니는 자녀들 교육에 대한 생각이 아주 없지는 않았을 것이다. 가르칠 능력이 안 되는 집안 형편 때문에 마음이 더 착잡하셨을 거다. 14살의 어린 아들이 객지로 돈 벌러 나가는 모습을 보고 돌아서서 얼마나 가슴이 아프셨을까. 지금에 와서 부모의 입장이 되어 보니 어린 나이에 생이별한 어머니의 심정을 조금은 알 것 같다. 아버지는 불편한 몸으로 동네 일도 하면서 적게나마 집안일과 농사일을 같이 하면서 자식들 돌보랴 평생 고생만 하시다 회갑도 못 치르시고 세상을 뜨셨다. 자식 육남매 키워놓고도 호강도 한번 못 해보고 가셨으니 원통한 마음에 눈시울이 붉어진다.

내가 처음으로 서울로 상경하던 날 부모님의 심정은 어떠했을까! 미성년자라는 개념도 거의 없던 시대였다. 돈 벌어 와라 그런 말도 한 번 안 하셨다. 그 나이 되도록 배불리 먹이지도 못했으니 부모로서 죄책감에 더 마음이 아프셨을 거라는 생각이 든다. 명절 때가 되면 자식이 어디쯤 오고 있을까 담장 너머로 목이 빠지게 기다리셨을 것이다. 어머님 살아생전에 효도도 못하고 교통사고로 돌아가시기 전까지 편히 모시지 못해 정말 죄송한 마음뿐이다.

세월 앞에 장사가 없다고 했다. 내 나이도 회갑을 바라보고 있다. 육십갑자를 한 바퀴 다 돌려쓰고 다시 새로운 세상으로 진입하는 분위기 쇄신의 시간이라고 생각한다. 여태껏 잔병치레 없이 거친 세상 풍파 다 이겨내고 이제야 철이 들어 부모님의 공을 생각하니 어린 시절에 있었던 추억이 어린 과거로 여행을 다녀온 그런 기분이다.

세상 사람들은 맛있는 음식을 먹을 때 즐거워한다. 좋은 옷을 입으면서도 즐거움을 나타낸다. 요즘 예능프로그램은 '먹고 즐거움을 얻느냐! 안 먹고 멋을 얻느냐!'로 주제를 삼은 것 같다. 그런데 살 집이 있어서 즐겁다는 표현은 쉽게 하지 않는다. '먹고살 만하다'는 표현은 그저 사회의 중산층 이상의 여유로운 사람들 입에서 나오는 단어이다.

유년 시절엔 그런 단어가 있는 줄도 모르고 살았다.

어린 시절에 놀거리가 얼마나 많았었나! 곰곰이 생각해 봐도 100개는 넘은 것 같다. 그중에서 스무 개는 놀잇감으로 써먹었다. 그런데 나머지는 가물가물하다. 그렇다면 남은 80개는 언제 놀아야 할까? 지금 놀기로 한다면 누가 손가락질할까? 그렇다 지금이라도 나머지를 놀고 싶다. 이 몸이 중심을 잡고 있을 때 놀아야 한다. 그나마 중심 잃어버리면 모두 허사로 돌아간다. 이제부터 다시 시작되는 내 삶은 덤의 인생이다. 그래도 가슴 한구석이 허전한 것은 부모님에 대한 애절함이 마음 한자리에 남아 있기 때문이다. 조만간 날 잡아서 아내와 함께 부모님산소에 들러서 소주라도 한 잔 따라드리고 절이라도 올려야겠다.

2

직업학교

목수 생활 46년 차에 접어들면서 그동안 뒤안길을 돌아보면서 참 일도 많이 했고, 다양한 자격증도 취득했고, 수많은 이들에게 교육도 해왔다. 이제는 나의 손과 머릿속에 담겨진 기술과 현장에서 터득한 많은 기법을 후학을 위해 남겨야 한다고 생각한 것도 이번에 집필하는 이유 중 하나다. 나는 자타가 인정하는 현장전문가이다. 목수 분야로만 벌써 강산이 네 번 넘게 변한 셈이니 그 정도 자부심은 누가 크게 나무라지는 않을 것 같다.

초등학교 6년을 마치고 6남매 중에서 맏형만 중학교에 진학하고 둘째인 나는 중학교 진학은 아예 엄두도 못내는 실정이었다. 식구 중에서 누구라도 빨리 사회로 나가서 경제활동을 하든가 집에 숟가락 하나라도 줄여줘야만 했다.

나에겐 운명처럼 고향인 충남 청양 읍내에 있는 청양청소년직업학

처음으로 월급을 받게 되었는데 봉투 속에 옛날 지폐 500원짜리가
4장이나 들어 있었다. 거금 2천 원이 첫 월급이 되었던 것이다.
참으로 감격스럽게 눈물이 난 날이다.

교(1972년)에서 하고 싶었던 건축의 기본공부인 목공을 접하게 되었다. 어려서부터 썰매 만들기와 팽이 깎기, 그리고 도장파기 같은 걸 하도 많이 했던 터라 앞으로의 꿈이 무엇인가 묻는 설문지를 써낼 때마다 과감히 '건축가'라고 썼던 걸 기억한다.

이렇게 인생을 가르는 중요한 결정을 하는데도 아직 철부지라서 부모님과 형제한테 의견을 물을 생각도 못했다. 건축을 공부하려면 실업계고등학교나 대학 건축학부에 진학해야 하지만 아무 생각도 없던 철 없던 소년이 내릴 수 있는 결정이었다. 청양 읍내의 직업학교를 다니는 동안에도 다른 친구들은 검정모자에 중(中)자를 달고 다니는데 나는 청직청양직업학교을 달고 2년을 다녔다.

다행히도 직업학교 교육은 상당히 수준 높아서 어린 나이 14살에 지금의 폴리텍대학보다도 한 수 위인 기술을 익혀 1974년 상경길에 올라 서울에서 취직하게 되었다.

서울에 처음 도착한 곳은 난곡동낙골마을/신림9동에 있는 목공소에서 잠을 자며 생활했다. 당시에는 일반적인 사업장에서는 휴일, 공휴일, 주말이라는 단어는 거의 통용되지 않다시피 하는 시대였으므로 그저 기상과 함께 일을 하고 어두워져야 하루 일과가 끝나는 것이 당연한 일상이었다. 그래도 하루에 밥 세끼는 먹는 것에 감사하는 마음으로 열심히도 일했다.

그렇게 3년이 지났을 때 태어나서 처음으로 월급을 받게 되었는데 봉투 속에 옛날 지폐 500원짜리가 4장이나 들어 있었다. 거금 2천 원이 첫 월급이 되었던 것이다. 참으로 감격스럽게 눈물이 난 날이다. 지금도 그렇지만 첫 월급을 타면 어머님 내복을 사드리는 것이 예의라고 얘기를 들었던 기억이 나서 어머님 빨간 내복 한 벌을 마련해놓고 시골에 갈 명절만을 얼마나 기다려졌는지 모른다.

오지 시골에서 직업학교도 마치고 서울에 상경해 5년여 세월 속에 일도 많이 했고 기술도 많이 배웠다. 같이 일을 했던 선배님과 함께 노량진으로 직장을 옮기게 되는데 그곳에서 많은 변화와 사회의 경험을 하게 된다. 그때부터 바로 자격증에 대한 생각을 갖게 되었으니 지금 생각해도 참 이해가 안 갈 정도다. 노량진 목공소에서 3년 만에 공장장으로 자리 잡으며 국가기술자격증에 관심을 가지고 "건축목공기능사보" 자격증을 취득하게 되었다. 지금은 인터넷을 통해서 시험접수를 자유롭게 하는 시대를 살고 있지만 과거에는 공덕동로타리에 위치한 검정공단에 방문을 해서 서면작성을 해야만 시험을 볼 수 있는 시절이었다.

그곳을 여러 번 다니다가 기능경기대회라는 안내판을 보고 사무실 담당자님께 찾아가서 기능경기대회에 참가하려는데 어떻게 해야 하는지에 대해 물었다. 지금도 그렇지만 전국대회를 나가려면 지방대회를 거쳐 메달을 따고 절차에 따라서 전국대회에 출전 자격이 주어지는데 나는 막무가내로 담당자님께 사정을 했다. 바로 전국대회에 갈 수 있는 방법이 있느냐고 물었더니 그럼 추천서를 써줄 테니 출전해 보라는 말씀에 1981년도 제16회 대전전국기능경기대회에 어렵게 출전하게 되었다. 아마도 이런 일은 요즘 시대에서는 있을 수 없는 일이다. 나를 추천해주신 담당과장님께 메달로 보답은 못해드리고 장려상에 머물렀지만 그래도 내게는 기술적으로나 경험면에서 소득이 많은 대회였다.

이때 대회에서 인연을 맺은 분들과는 지금도 서로 현장 및 교육계에서 정보도 공유하고 종종 국내의 큰 대회에서 심사위원으로 만나기도 한다. 이렇게 1981년 전국대회에서 입상은 못하고 장려상에 만족해야 했지만 다음해 재도전은 꿈도 꾸지 못했다. 그 뒤로 거의 25년 동안 공장과 현장 생활을 하면서 한 눈 팔 시간도 없이 일에 파묻혀 살았던 것이다. 전국대회 출전한 지 10년이 지나 1991년에 건축기사2급^{현:건축산업기사}을 취득했다.

그러다가 40대 후반에 들어 이런 생각을 하게 되었다. 현재 현장의 상황은 기술자들이 나이가 들면 점점 젊은 사람으로 교체될 것이고 나이든 사람은 현장에서 부르지도 않겠구나 하는 아찔한 생각이 들었다. 그래서 나도 50대 초반까지만 일하고 노후대비 무엇을 할 것인가 생각하다가 예전에 못했던 자격증을 더 준비해야 하는 시점이라 계획을 잡고 계속 건축 관련 자격증을 준비하면서 건축목재시공기능장을 취득하고 이후 몇 년 사이에 추가로 목공 관련 여러 가지 자격증을 취득했다.

그런데 내 예상이 빗나갔다. 지금도 60대, 70대 선배님들이 현장에서 왕성하게 활동하고 계신다. 젊은 후배들이 없기도 하지만 블루컬러 천한 직업이라는 편견에 목공에 대한 인식이 부족한 것도 큰 이유다.

3

팽이와 썰매를 깎아 팔다

초등학교 시절에 팽이 깎기와 썰매 만들기, 장난감 총과 칼 등을 깎아서 친구들한테 동전 몇 닢에 팔았던 적도 있다. 이렇다 할 도구도 없으니 낫 같은 시골 농기구를 써서 만들었는데 당시 내가 할 수 있는 것이라고는 이 정도 일들이 전부였다. 4학년 때는 고무판화 경연대회에서 상도 받기도 했으니 딱히 미술 재능은 없는지 몰라도 손재주는 좀 있었던 것 같다. 그래서인지 초등학교 친구들을 오랜만에 만나도 어릴 적 학창시절에는 도장 잘 파던 친구하면 내 이름을 떠올릴 정도로 친구들한테 상수리로 도장을 많이도 파서 나누어 주었다. 내 손으로 만든 소소한 것들이 친구들의 기억 속에 자리 잡고 있다는 것만으로도 나는 고마울 따름이다.

고향 친구들 기억 속에 있는 내 이미지란 가난한 처지에 체구 작고 보잘 것 없는 아이로 남아 있다. 학교에서 맨 앞줄은 내 자리였으며 운동장과 교실에서도 그 순번은 변함이 없었다. 어려서부터 만들기를 좋아해서 손재주가 있다는 말을 많이 듣고 자랐기 때문에 중학교 진학이 어려운 환경에 놓여 있는 학생들을 위한 직업학교로의 진학은 나한테는 더 없이 잘 맞고 좋은 기회였다.

사실 그 시절에는 보릿고개라는 말이 유행할 정도로 가난하고 궁핍해 하루 세 끼 먹기가 어렵던 시절이었다. 다른 친구들은 점심 도시락을 싸와도 나는 보리밥에 고추장과 장아찌가 기본반찬이었기에 같이 먹는 친구들 틈에서도 많이 위축되었고 그나마도 며칠 걸러 한 번씩 도시락을 못 싸는 날도 있었다.

드디어 초등학교 졸업식을 마치고 청양직업학교에 입학을 하게 되었다. 나에게는 신세계였다. 전기 없는 깡촌에서 초등학교를 마치고 그나마 직업학교에 입학하면서 목수로의 인생길을 걷게 되었으니 지금 생각해봐도 아련한 추억의 뒤안길임에는 틀림이 없다.

성년이 되어 군대 갈 시기가 되었다. 나도 대한민국의 남자이기에 병역 의무도 있는데 군대생활에 관한 이야깃거리는 전무하다. 1981년도에 신체검사를 받았다. 신체검사장에서 빚어진 X-레이 촬영 결과물이 다른 사람과 바뀌는 일이 있었는지는 잘 모르겠지만 폐결핵이라는 판정으로 징집면제를 받아 지금껏 살아오고 있다. 그런데 이상한 건 그때 서울로 올라와서 바로 재검사를 받고 확인을 했는데 아무 이상이 없는 거였다. 그 후로도 신체적인 이상은 아무것도 없었다.

왜 신체검사에서는 결과가 그렇게 나왔는지는 아직도 궁금하다. 어렸을 때에는 결핵이라는 병명은 자주 들어서 크게 놀랄 일도 아니긴

했다. 다만 처음에는 왜 나한테 이런 일이 생긴 걸까 하는 걱정과 두려움으로 잠시 침울한 시간을 보내기도 했었다. 나중에야 모든 것이 해결이 되고 평정을 되찾았지만 당시에는 부모님은 자식이 병으로 군대에 못가는 낙인이라도 될까 걱정하시기도 했다. 사실 그 일 아니었어도 신체조건이나 학력도 미달 수준이었으니 이래저래 군에 못가는 것은 정해진 거나 다름없었다.

4

내 손끝에서 이어지는
그들의 추억

　시골의 고향마을은 아주 평범한 들판 한가운데에 자리하고 있다. 작은 마을에 30여 가구가 밀집되어 있는 고향집은 부엌과 안방, 건넌방의 작은 초가집이었다. 대문 옆에는 소를 기르는 외양간이 있었고 그 옆에 뒷간이 있어서 시골집 구조로서는 추우나 더우나 사시사철 밖에서 볼일을 봐야 하는 게 당연한 일상이었다.

　농번기에는 농사일 돕는 것이 으레 학교 공부보다 더 중요한 것으로 알고 살았다. 학교의 기성회비를 못 내어서 친구들 앞에서 이름을 불러서 세우기도 여러 차례 겪었던 일이라서 나중에는 부끄러운 줄도 모를 정도였다. 초등학교 시절엔 누구나 소풍과 운동회가 있는 날은 가장 즐거운 날이자 잔칫날처럼 마음도 들뜨게 되는 학창시절의 추억이 서려 있는 크나큰 행사다. 배고프던 시절엔 잔칫날을 손꼽아 기다리듯이 부모님의 심정도 아랑곳하지 않고 어린 마음에 배불리 먹을 수 있었던 그런 날만 기다렸었다.

　부친께서는 소학교를 마치셔서 그나마 국문을 깨치셨고, 어머님은 문맹으로 60평생을 사셨다. 글을 모르고 세상을 사신 어머님은 얼마나 답답한 일이 많았을까. 하지만 어머니는 육남매를 떳떳하게 세상을 살아가라고 살아생전 모든 것을 자식을 위해 헌신적으로 사셨던 분이다. 지금의 내 모습으로 거듭나기까지에는 고되지만 성실하게 꾸려갔던 당신들의 세상살이를 재산으로 물려받아 이 험난하고도 각박한 사회생활에서 강단지게 버티고 살아왔다.

　세월이 흐르니 보릿고개 시절 가슴 시린 것들은 이젠 아련한 추억의 한 페이지일 뿐이지만 여유롭고 넉넉한 환경에서 자란 친구들보다는 정신적으로 더 단단할 거라고 자부한다. 초등학교 시절에 연필 살 돈이 없어서 교실 마루 밑에 기어들어가 몽당연필과 지우개를 주워다가 침 묻혀가며 썼던 기억이 지금도 생생하다. 그때 익혔던 연필 깎기 실력은 생활의 달인에 나온다 해도 손색이 없을 정도의 실력을 가지고 있다. 비록 당시는 힘든 날이었을지 모르나 지금은 가슴 속에 돈으로는 비할 수 없는 무형의 자산을 품고 있다고 감사하며 살고 있다.

　만들기를 좋아한 건 초등학교 4학년쯤부터였다. 하지만 지금처럼 도구가 없어서 무엇을 해보려고 해도 비빌 언덕이 없어 헛간에서 녹슨 톱을 찾아내고 자귀도 찾아냈다. 아마도 증조할아버지께서 쓰시다가 대물림하셨을 것이라 생각되는 오랜 세월의 흔적이 느껴지는 것들이었다. 손질이 안 된 연장이 몇 개 있었지만 나무가 잘라지지도 않던 것도 기억에 맴돈다.

시골에서 유일하게 만들 거리를 제공해주는 집이 있었다. 바로 생선전을 하는 마을선배 어머님이 광천이나 대천에서 생선을 떼어다가 머리에 이고 다니면서 행상을 하셨다. 그래서 가끔 생선 궤짝이 나올 때면 몇 개 얻어다가 박혀 있는 못을 뽑아서 재사용하기도 했다. 못을 살 돈도 없는 형편이다 보니 생선 궤짝은 나에게는 보물과도 같았다. 버리는 것 하나도 없이 알뜰하게 사용해 썰매도 만들고 바퀴 달린 구루마도 만들어서 동생들을 태우고 끌고 다니기도 했다.

이렇게 하면 꼭 부러워하는 친구들이 생겼다. 읍내에 사는 좀 산다는 애들이 팔 것을 제안하기도 했다. 그때 썰매 하나에 20원에 팔기도 했다. 내 손에 동전 한 닢은 무지하게 큰돈이었다. 읍내에서 못을 사는데도 보탬이 되고 별도의 연장이 없기에 가새칼을 사는 데 쓰기도 했다.

사소한 일거리들이 손에서 떠나지 않았다. 학교 다니면서 친구들한테도 여러 가지 소소한 것들을 만들어 주었던 것이 친구들이 나를 기억하게 하는 요인이기도 했다. 그렇듯 내 손으로 만든 아주 작은 것들이 친구들의 기억 속에 자리 잡고 있다는 것이 나름 고맙다.

그 외에는 내 이름을 기억하는 친구들이 많지 않다. 왜냐하면 학교에 결석을 출석하듯이 하는 데다가 그렇다고 공부를 잘 하지도 않았으니 흐릿한 기억 속에 남아있는 것이 당연하다. 친구들이 생각한 나의 위치와 사회생활은 어떻게 하고 있는지는 별 관심을 둘 리도 없다. 그렇게 힘든 유년 시절을 보내고 나서도 객지생활에 몰두하다 보니 친구들과 연락 없이 지낸 지가 벌써 40여 년이 되었다.

그동안 시골집 가까이 사는 친구 외에는 연락두절로 살아왔다. 최근에서야 가까운 친구의 권유로 옛 고향 친구들과 연락도 하고 지낸다. 오랜 세월동안 서먹함이 있을 것 같았는데 그래도 반가이 맞아주는 친구들이 더 고맙게 느껴진다. "행복은 성적순이 아니다"라는 말처럼 공부를 많이 하고 경제적으로 여유가 있어야 친구 노릇도 한다고 생각하던 내가 많은 오류를 범했던 것이다. 못 배웠으면 어떻고 잘나가면 어떠랴. 그저 60을 바라보는 나인데 지난 얘기 하면서 소주 한 잔에 모든 것이 동심으로 돌아가는 시간이 좋았다.

초등학교 과정은 내게 있어서 아주 의미가 깊다. 친구들에게 밀짚과 보릿짚을 모아서 여치집도 만들고, 수수깡으로 안경도 만들고, 목마도 만들어 주었다. 삼베의 대롱 부분인 삼베대로 잠자리채를 만들어 처마 밑의 거미줄을 칭칭 동여 묻혀서 잠자리를 잡기도 했던 친구들이 나를 기억해주는 것이었다. 또 고무판화로 일 원, 오 원, 십 원짜리 돈을 찍어서 나누어준 일도 있었다. 그 옛날에 은행놀이를 했었다.

시골의 농사일에 꼭 필요한 밀짚모자에 달려 있는 영화필름으로 영화를 본다고 에디슨처럼 불을 비추어본 적도 있었다. 5일 장터에 극장이 열리는 날이면 몰래 들어가다 걸려서 혼났던 기억도 생생하다. 겨울철에는 연날리기를 즐겨하면서 방패연, 가오리연을 만드는 당번도 바로 나였다.

여름철에 마을길을 지나다보면 원두막이 있었다. 그 밑에 노랗게 익어가는 참외가 탐스럽게 보여서 침을 꿀꺽 삼키게 한다. 시골이지만 우리 집엔 밭농사가 없어서 참외, 수박도 귀한 과일이었다. 시골이라고 해서 과일을 흔하게 먹을 수 있는 것도 아니었다. 그래서 친구들과 밤

내 손으로 만든 아주 작은 것들이 친구들의 기억 속에
자리 잡고 있다는 것만으로도 나름 고마울 따름이다.
초등학교 시절에 상수리로 도장을 파주고
고무판화 대회에서 입상을 하면서
이름 석 자가 기억 속에 남을 만한 기회를 준 것이다.

에 서리를 해다가 먹곤 했는데 어떤 때에는 친구네 밭에서 서리를 할 때도 있었다. 그러다가 걸리면 된통 혼나기도 했었다. 참외나 수박뿐이 아니다. 닭도 서리 대상이 되었다. 어릴 때에는 닭을 서리할 실력도 안 돼서 형들을 따라다니면서 망을 보는 정도가 어린 우리의 역할이었다.

책 보따리에 도시락을 둘둘 말아서 어깨에 메고 다니는 것이 학교에 등교하는 기본자세이다. 오늘 학교에 가서 무엇을 배울 것인가가 문제가 아니라 오늘도 혼나지 않고 어떻게 버티느냐가 관건이었다. 그때는 의무교육이었지만 학교 시설과 운영에 쓰는 육성회비라는 돈을 몇백 원 정도 내야 했다. 나는 학년이 바뀔 때마다 미납자 명단에 단골손님이 되어버렸다. 어떤 날은 버티다가 학교에 안 가는 날도 있었다. 그대로 학교에 가봤자 이름 불려서 앞으로 나가 벌 받는 날도 있었다. 지금 생각하면 참 비교육적이기 짝이 없지만 그 시절에는 당연한 것인 줄 알았다.

학교를 마치고 집으로 오는 길에는 두 갈래 길이 있다. 들로 오는 길과 읍내 장터로 오는 신작로가 있었다. 오일장이 서는 날은 장터를 거쳐서 구경하면서 지나친다. 뻥튀기 기계 앞에서 귀를 막고 기다렸다가 뻥하고 튀기면 망사 틈새로 흘러 나오는 튀밥을 주워서 먹었다. 주로 쌀, 보리, 강냉이, 말린 흰떡 등을 깡통에 담아서 사람들은 자기 차례를 기다리고 있었다.

또 한편에서는 고무신 때우는 곳도 있었다. 나도 형이 신다가 물려준 것을 때워서 쓴 적이 여러 번 있었다. 그러다가 어머니를 만나 십 원에 두 개짜리 풀빵을 사주셔서 허기진 배를 채우는 날도 있었다.

어떤 날은 들길을 따라서 가다가 상수리나무에서 사슴벌레 잡기를 하기도 했다. 그때는 집게벌레라고 부른 사슴벌레를 잡아서 친구들과 싸움도 붙이곤 했다. 마을 가까이 오면 개울에서 가재를 잡던 시절이 있었다. 특히 가재가 어디에서 주로 사는지를 미리 알고 있기 때문에 허탕 치는 일이 적었다. 모래와 자갈 틈새에서 서식을 하는데 학교에서 책 보따리 속에 있는 벤또도시락 속에 담아서 집으로 가져간다.

만화책을 유난히도 많이 보던 친구가 있었다. 그 친구는 형들이 보던 만화책을 학교에 가지고 와서 친구들과 보는 것을 재미로 삼는 친구였다.

어느 날 동창모임에서 명함을 받고 시인이 된 것을 알게 되었다. 마침 나도 책을 좋아하고 글에 대한 관심은 있었지만 친구가 시인이 된 것을 보았기에 지금도 책을 준비하면서 글쓰기에 정성을 다하고 있다.

학창시절에 공부를 잘하던 친구도 있었고, 싸움질 잘하던 친구도 지금은 별것 아니지만 그때는 얼굴도 마주치지 못하고 다닐 정도로 위세를 부리던 친구도 있었다. 이제야 철이 들어가는 느낌이 든다.

학용품을 문방구에서 사본 적이 없다. 학교의 교실은 일제 강점기 때 지어진 건물로 마루 밑에 공간이 있어서 들어가면 쓰레기와 틈새로 떨어진 몽당연필과 지우개 그리고 가끔 칼도 만날 때도 있었다. 마루 판이 깨어진 틈새로 굴러 떨어진 것들이 온갖 쓰레기와 함께 섞여 있는 것이다. 교실 밑으로 기어 들어가는 것도 내 몫이다.

그러고 보니 나도 쓸 데가 있어서 태어난 사람이구나 하는 생각에 이때가 학교 다니던 시절에서 가장 마음이 풍요로울 때였다. 평소에

내가 갖지 못했던 것들이 나를 기다리고 있었다. 지금처럼 물자의 풍
요로움 속에 살아가는 세대들한테는 이해가 안 되는 얘기라고 할 것이
다. 하지만 그때의 상황은 가슴 시릴 정도로 절박한 시절이었다.

5

첫 월급 이천 원을 받다

목수의 길을 걷기 위해서 청소년직업학교를 마치고 서울 난곡동_{낙골}마을에 도착한 시기가 1974년이다. 작은 체구에 가진 것이라고는 직업학교에서 익혔던 목공기술의 기초지식이 전부였다. 서울하면 번화하고 화려한 줄로만 알았었는데 이곳에 와보니 서울 사람 모두가 잘사는 것은 아니었다. 종로나 광화문 네거리 정도는 화려했지만 변두리 지역은 어렵게 살아가는 분들이 흔했다. 난곡동은 서울 바닥에서도 극도로 어려운 사람들이 머무는 지역이었다. 멀지 않은 곳에 있는 산비탈 봉천동도 비슷하게 가장 못사는 서민들의 생활터전이었다. 마음속에 두었던 서울에 대한 환상은 여기서 깨지기 시작했다.

시골이나 서울이 다른 것은 도로에 차량이 많은 점과 사람들이 분주하게 일을 하는 모습들이었다. 그런데 문짝을 만들어서 설치하는 현장은 조금은 달랐다. 이곳에는 주택단지가 두 곳이 있었는데 그것도 하필이면 국회단지와 경찰주택이 난곡동 주변에 요즘의 신도시의 형태로 산을 절토해 다듬어서 택지로 만들던 시기였다. 그런 시기를 잘 활용하던 목공소의 사장님들은 호황을 누렸을 거라고 본다. 그것은 요즘 신도시 아파트단지의 축소판이라 보면 적당할 것 같다.

집장사들이 짓는 비슷한 외관의 집들이 시공업자의 취향이라도 반영하듯이 면적도 비슷하고 마감재까지도 비슷한 형태로 즐비하게 공사가 진행되는 모습을 보게 된다. 1970년대 초반의 국회단지에는 어떤 신분의 가주가 입주를 했을까? 국회의원들이 집단으로 사는 지역은 아니었다. 역시 경찰주택단지도 상황은 마찬가지다. 그런데 왜 서울에서도 이토록 발전도 늦고 열악한 지역에 고급 주택단지들이 생기게 된 걸까?

하지만 나에게는 그런 내용이 관심사가 아니다. 그저 일어나면 일을 해야 하고 해지면 잠자고 하는 것들이 반복적인 일상이었기 때문이다. 지금은 이 지역도 많은 발전을 거듭해 도시의 형태를 갖추고 인근의 서울대학교 관악캠퍼스가 든든히 버티고 있으니 과거는 과거일 뿐이다.

공장생활이 시작되는 그 시점에 선배 한 명과 같이 와서 공장에서 숙소생활을 하게 됐다. 요즘 흔히 거론되는 열정페이가 그 시절에도 있었다. 하지만 그런 산술적인 계산은 엄두도 못 냈다. 밥을 먹을 수 있는 것만으로도 당연하고 고맙다는 인사를 거듭했을 정도이다. 지금이라면 임금착취라는 고발 수준의 단어를 떠올릴 정도의 수준이지만 그 시절 환경은 모두 보편적인 일이었다.

그렇게 생활한 지 삼 년여 만에 내 생애에 처음으로 받게 되는 첫 월

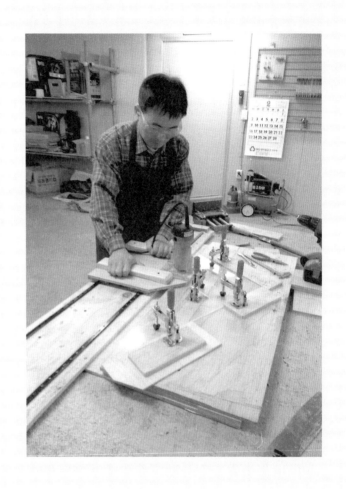

일어나면 일을 해야 하고 잠자고 하는 것들의
반복적인 일상이었지만 생애 첫 월급은 감동이었다.
확실한 내 소유의 돈을 받기 시작하면서 사회를 알게 되었다.
그것은 실력만이 가장 중요함을 알게 했고
실력이 출중한 선배들을 통해
배우면서 일하는 기회를 얻게 되었다.

급이 거금 이천 원이었다. 오백 원짜리 지폐로 넉 장이나 들어 있었다. 누구의 허락 없이 쓸 수 있는 확실한 내 소유의 돈이 처음으로 내 손에 들어오는 행복한 순간이었다. 이천 원이란 돈은 위의 표현대로 매우 큰돈이었다. 그 당시 현장에서 일하던 목수들의 하루 일당이 천 원대는 넘는 걸로 알지만 나는 공장에서 일하면서 한 달 내내 일을 해도 현장의 목수 품값 하루 이틀 치에 불과한 금액을 받는 것이 전부였다.

공장에서 먹고 자고 게다가 작업복도 사주었으니 별도로 돈에 대한 필요성과 쓰임새에 대해서 고민할 필요가 없었다. 이것만으로도 과분하다고 생각했다. 일복도 필요에 따라서 계절별로 챙겨주었으니 불만이 있을 수도 없었다. 그렇다고 요즘 대기업처럼 회사로고가 박힌 유니폼을 준비해주는 것은 아니었다. 재래시장에서 흔히 만날 수 있는 츄리닝트레이닝복이 대부분이었다. 그래서 더더욱 돈이 따로 필요하지 않았다. 돈에 대한 개념도 쓰는 것도 자리 잡기도 전 상태였다.

명절 때는 차비와 용돈 정도로 시골에 다녀오는 것이 명절의 기본적인 행사였고, 공장이 바쁠 때는 야간작업도 자주 하곤 했다. 주말에 대한 기억도 거의 없다. 한 달에 한 번 정도의 휴일이 있었을 정도였다. 같이 일하는 형을 따라서 대림시장 앞에 있었던 대림극장을 간 기억이 있고, 남영동에 있는 성남극장에서 영화를 봤던 것이 나들이의 일부로 남아 있다. 그 밖의 취미나 오락을 즐길 수 있는 것이라고는 아무것도 없던 시절이었다. 그 외의 시간은 공장에서 일하는 것이 전부였다.

난곡동엔 목공소가 내가 일하는 중앙목공소와 충남목공소 두 곳이 있었다. 둘 다 사장님은 충청도 분이다. 두 곳의 목공소는 서로 경쟁업체로서 가까운 거리에 접해 있으면서도 근거리 지역은 물론 타 지역까지 폭넓은 지역을 커버하면서 일을 했었다. 현대주택에 필요한 문짝과 가구 그리고 전통창호도 제작을 했었다. 충남목공소가 먼저 시작한 업체이고, 중앙목공소가 후발주자였다.

　주변의 주거환경 변화에 능동적으로 대처하는 두 업체의 사장님들이 경쟁적인 면도 있었지만 아마 가격경쟁은 안 했을 것으로 본다. 다만 실력으로 승부를 걸 수는 있었다. 그 시절 실력 있는 공장장과 함께 일했던 사람들의 실력은 인정을 받던 시기였다. 공장장의 실력이 뒷받침을 해주었고 선배들의 실력이 출중해 많은 것을 배우면서 일하는 나한테는 절호의 기회인 셈이었다.

　마침 내가 근무했던 공장이 더 확장을 해서 나중에는 사옥을 지어서 더 좋은 환경에서 현대적인 일부의 시설에서 일할 수 있는 공장으로 이전을 하게 되었다. 그래도 종업원인 우리들의 복지에는 변함이 없었다. 장비도 신형으로 도입이 되고 전동공구들이 점차 늘어나는 시기에 과거의 수작업에 의존하던 가공방법이 조금은 편한 작업에 생산성이 증대되는 우리나라 목공발전의 과도기라고 보면 되겠다.

　그렇지만 아무리 전동 장비들이 등장을 해도 수공구 작업은 여전히 필요했다. 그곳에서 대팻날을 떨어트려 다리를 다치는 사고를 당하기도 했다. 물론 얼마 후에 노량진으로 이직을 하는 시점이라 이때 나에게는 주변에 많은 변화가 있던 질풍노도疾風怒濤의 시기였다.

　사장님도 초등학교 출신이라 나와 비슷한 시절을 겪었을 거라고 본다. 그렇게 배운 기술로 공장을 운영하고 있었다. 사장님이 태어난 곳은 시골 같은 군내에 속하는 좀 거리가 떨어진 남양시앙면에서 태어났고, 나는 비봉면이 고향이다. 그래서인지 청양의 청소년직업학교에 대한 정보도 알고 계셨고, 그곳 출신들을 부탁해 공장에서 일할 수 있는 사람들을 취직을 하게 되는 경로가 되었다.

그 시절 함께 목공 교육에 참여한 친구들을 떠올려 보면 남양면에 소재지를 둔 친구들이 꽤 많았다. 그렇다면 그 지역의 살림살이가 더 어렵기 때문이었을까? 그런 것은 아니었다. 사양이란 지역은 과거에 구봉광산으로 유명한 지역이다. 청양의 청소년직업학교 정보는 선배들한테 입소문이 돌아서 직업학교에 대한 취업의 길도 미리 알고 있는 친구들도 있을 정도였다. 특히 내가 다니던 가남초등학교에선 처음으로 내가 졸업을 앞둔 시기에 알게 되어서 이런 황금의 기회를 나만 독차지해서 누리게 되었다.

남양면 봉암리에는 금광이 여러 곳이 있었고, 1967년에 충남 청양 구봉광산에서 사고로 매몰된 광부 양창선 씨가 16일 만에 구출이 된 곳이 바로 내 고향 옆 동네 남양면에 위치한 구봉광산이었다. 이 지역의 친구들이 청소년직업학교를 마치고 선배 한 명은 요트 제작업체에 취직을 했고, 다른 친구는 국내에서 꽤 인지도 높았던 씽크대 제조 공장에서 근무하게 되면서 서울에서도 초반에는 가끔 연락도 하고 지냈던 기억이 있다. 지금은 연락이 두절된 상태이지만 시골을 한 바퀴 돌면서 내게 기술을 전수해주신 은사님과 옛 추억이 서린 친구들의 안부가 궁금해 돌아볼 계획이다.

대구의 창호제작 실력은 전국에서 최고급이다. 대구에는 국보급 문화재가 많은 지역은 아니다. 그런데 목수들을 만나보면 내가 판단하기에는 유독 대구 지역의 목수들이 섬세한 일을 잘 처리해낸다. 어느 사투리가 진한 대구 출신의 공장장은 차분한 스타일로 공장의 수장이자 대선배님이 있었다. 그 공장장을 보고 대단한 능력에 감탄하면서 나는 언제나 저렇게 일을 할 수 있을까! 부러운 대상으로 바라본 적도 있었다. 그런데 지금은 예전의 그러한 기법보다도 더 수준 높은 기술을 현재 내가 보유하고 있으니 참으로 격세지감隔世之感이 아니라 할 수 없다.

공장의 사모님은 원주 분이었다. 그때 원주에서 올라온 이재철이라는 친구도 알게 되면서 공장생활을 함께했었다. 나이도 비슷하고 가깝게 지내던 사이였다. 그때가 처음으로 사회생활을 하면서 친구이자 동료인 사람들 몇 명이 있었는데 지금은 아무도 연락이 안 되어 안타깝기 그지없다.

글을 쓰면서 내게 많은 깨우침이 일어난다. 아련한 옛 추억 속으로 다시 여행을 하는 기분이다. 현대문명의 이기인 통신시설이 취약한 때라서 더 연락하기가 어려울 수밖에 없었다. 그 친구도 연락이 끊겨서 서로 만나기 힘든 사이가 되었다. 지금은 어디에서 어떻게 살고 있는지 건강은 어떠한지 궁금하다. 그렇게 난곡동의 공장생활을 접고 노량진 한일사라는 목공소로 이직을 하게 되었다.

6

내 인생의 은사님

　요즘은 스승과 제자의 관계가 좀 모호해졌다. 스승이란 단어가 점점 퇴색해져 가는 분위기이다. 수많은 수강생을 배출하고 여러 곳의 강의를 돌면서 느끼는 점은 예나 지금이나 비슷하다. 스승이라는 자리는 과거로 돌아가서 옛날의 이야기가 되어 버린 지 꽤 오래된 느낌이다. 수강을 하는 분들의 개성도 넘쳐나고 너무도 많은 정보 속에서 어떠한 과목을 학습해도 어디에서 누구한테 배운 것인지에 정확한 출처가 불분명한 그런 일이 있기 때문이다. 인터넷이라는 문명의 발달로 다량의 정보를 공유하고 있는 현 시대를 살아가는 많은 사람들이 겪는 일상이 아닌가 생각해본다.

　내가 13살 초등학교 졸업을 마치고 청소년직업학교에서 목공기술을 처음 접하게 되는 순간이 스승님과의 첫 만남이 되었다. 지금 나만의 플랫폼을 가지게 해주신 분이 바로 김종환 선생님이시다.

시골의 어려운 환경을 누구보다도 잘 아시는 분이 바로 선생님이셨기 때문이다. 학생들 개개인을 자식들처럼 보듬어 주시면서 기술지도에 열정을 쏟아부으셨던 선생님, 잇몸까지 보이며 웃으셨던 모습에서 보였던 하얀 은색 치아도 생각이 난다. 급식 빵이 나올 때면 하나라도 더 챙겨주려고 앞장서시던 선생님의 마음을 알기에 배고픔을 달래며 학업에 열중한 적도 여러 번 있다.

지금까지 의무교육은 초등학교 졸업이 전부이다. 이런 교육을 받으면서 선생님에 대한 추억이나 기억 속에 남는 분들이 계시지만 그 중에서도 특별한 보살핌으로 돌봐주셨던 선생님은 바로 김종환 선생님이시다. 유독 작은 체구라서 앞줄에서 마주할 기회가 많았던 나였기에 그리움은 더할 수밖에 없다.

선생님의 가르침을 높이 받들어 지금의 모습으로 이만큼 성장하여 사회에 작으나마 보탬이 되는 일을 하고 있다는 것만으로도 선생님께서 베풀어주신 은덕에 대한 기대에 부응하는 것이라고 생각한다.

세상을 살다보면 어려움에 부닥치는 일들이 많다. 기술을 가르치시면서도 항상 강조하셨던 게 바로 이런 역경을 이겨내기 위해서는 인성이 먼저라는 말씀이셨다. 그때는 가볍게 들었던 사람 됨됨이가 먼저라는 말씀이 지금에 와서 가슴을 훈훈하게 한다. 곰곰이 생각해보면 세상을 살아가는 태도와 연관된 단어로 해석이 된다. 나 역시도 태도를 중시하는 편이다. 실력도 좋고 능력도 좋다. 하지만 태도가 흐리면 모든 것이 수포로 돌아가기 때문이라는 것을 현대 사회를 사는 사람들은

목수에게는 내 손에 맞는 공구란 의미가 대단히 크다.

공동공구와 개인공구는 많은 차이점이 있기 때문이다.

목수에게 연장이란 내 몸의 분신처럼 여길 정도로

애지중지해 남의 손이 가는 것 자체를 허용하지 않는다.

뼈저리게 느끼는 소절이기도 하다.

일본의 원서를 직접 해독하고 철필로 작성하셔서 번역본을 넘겨주시면 청양초등학교 등사실에서 동기생들과 함께 시커먼 잉크를 손에 묻히면서 누런 백로지에 등사하여 같이 나누어서 쓰던 때가 그립기만 하다.

하지만 원서를 필요한 부분만 발췌하여 그림과 글씨를 정리하여 알아보기 쉽도록 해주신 선생님의 지문과 흔적이 묻어 있는 두꺼운 책을, 모두 손으로 인쇄하여 묶어주신 책을 잃어 버렸다. 정말 고귀한 자료로 엮어진 지금의 어떤 교재보다도 수준이 높은 그런 책을 서울에 와서도 몇 년 동안은 잘 간직하다가 공장생활을 하던 중에 어디서 잃게 되었는지 전혀 알 수가 없다. 그때 책을 만들며 함께했던 동기생들도 눈에 삼삼하다. 이름도 기억이 난다 특히 남양면 친구들의 이름이 많이 생각난다.

선생님께서 가르쳐 주신 내용 중에서 날물갈기, 톱질하기, 끌질하기, 대패질하기 등 많은 기술을 전수해주셨는데 그 중에서도 톱날내기가 가장 기억에 남고, 또 서울에서 가장 활용을 많이 했던 기술이 바로 톱에 대한 내용들이다.

목수에게 있어서 연장 다루기란 피아노의 기초교육에 음계를 익히는 것과 같이 중요하며 권투선수가 체력단련을 위해 줄넘기를 하는 것과 같이 기술을 익힘에 있어서 기본기가 얼마나 중요한지를 인식시켜주는 대목이라고 해도 지나칠 것이 없다.

예전의 톱은 줄로 슬어서 계속적으로 사용하는 톱이 주류를 이루었다. 지금이야 일회용 톱이 전부라고 봐도 과언이 아니다. 하지만 그때에는 양날톱이 자르기와 켜기로 구성이 되어 있었고, 톱날이 빠지거나 무뎌지면 톱날의 톱니 부분을 모두 줄로 갈아서 없애고 난 다음 처음부터 등분하여 톱니를 새로 만드는 과정을 여러 번 했었다.

지급재료와 공구의 시설이 미흡하여 줄은 개인별로 별도로 구매하여 사용하는 것이 맞지만 형편이 어려운 사람들끼리 모여서 하는 수업이라서 줄을 살 돈이 없는 친구들이 많았다. 나 역시도 주머니 사정이 빈한하여 어쩔 수 없이 선생님의 눈치를 봐야 하는 형편이었다. 줄 한 개의 값은 이십 원 정도면 살 수 있는 금액임에도 그것을 새것으로 살 수 있는 친구들이 몇 명 되질 않았다. 그래서 선생님께서 쓰시던 것을 나누어서 교대로 썼던 기억이 생생하다. 요즘은 물가도 저렴하고 물자도 풍부하여 줄 정도야 손쉽게 구해서 사용하는 시대를 살아가고 있다.

어려운 시절에 줄 하나가 주는 교훈은 지금 생각해봐도 엄청난 파장을 주었다고 판단된다. 그렇게 어렵사리 준비해서 쓰던 줄칼로 톱니를 새로이 만들어서 나무를 자를 때 사용하고 또 무디면 갈아서 쓰는 반복적인 작업이 그 시절에는 필수 기술로 인정을 받던 시기였다. 그렇게 어렵게 배운 기술을 서울에 와서 잘 활용했고, 그 나이에 그런 것을 어떻게 알고 있느냐는 질문을 자주 받았었다.

선생님께선 앞으로 사회로 나가서 쓸 개인공구 중에서 어렵더라도 부모님께 잘 말씀드려서 강력強力 대패 한 자루 정도는 손질을 해서 가지고 있으면 도움이 될 거라는 말씀도 해주셨다. 하지만 역시 몇 백 원 정도의 대패를 산다는 것은 직업학교에 등교하면서 차비를 열흘 치는 아껴서 8km이십 리는 걸어다녀야 겨우 마련할 수 있는 돈이었다. 결국

214

내 손에는 아무런 연장도 없이 빈손으로 서울로 올라오게 되었다.

일을 할 때 개인공구가 필수품은 아니다. 그렇지만 목수에게는 내 손에 맞는 공구란 중요한 의미를 부여한다. 공동공구와 개인공구는 많은 차이점이 있기 때문이다.

목수에게 있어서 연장은 내 몸의 분신과도 같이 여길 정도로 애지중지하여 남의 손이 가는 것 자체를 인정 못한다. 그렇게 손질이 된 공구를 남이 쓰다가 문제가 생기면 서로 입장이 난처하게 되는 일이 생기기 때문이다.

요즘 현대인들의 교육을 맡으면서 공구의 중요성을 누누이 강조하지만 깊이 이해하려 하지 않는다. 기계장비와 전동공구 등의 질 좋은 공구가 널려 있는데 '그까짓 수공구가 대수냐'라는 반응이 대부분이다. 목공이 아닌 다른 분야도 마찬가지이겠지만 잘 손질이 된 수공구의 역할은 분명히 있다. 가죽공예나 전통공예 분야도 목공과 비슷한 경우가 되겠다.

시대가 변하면 그 시대에 맞는 기계들이 생산성을 위해서도 경쟁에 지지 않으려고도 장비를 구비하여 대량생산에 맞추어 납기와 생산품의 품질관리에도 한 몫을 해야 하는 것이 바로 기계의 역할이다. 하지만 기계란 언제라도 필요 시기가 정해지면 구매가 가능한 물품이다.

수공구의 역할은 막중하다. 기계 공구를 운영하고 안전하게 관리하는 기본방법이 모두 수공구에서 출발하기 때문이다. 수공구와 기계의 생김새와 역할이 다른 데 맞지 않느냐고 반문을 제기할 수도 있다. 하지만 목수들의 공구에는 위험이란 단어가 따라다니기에 기계의 사용전에 반드시 수공구의 특성을 파악하기 위해선 거쳐야 할 과정인 것이다.

청소년직업학교에는 전동공구는 없었다. 시기적으로도 그때에는 전동장비들이 공급이 안 되는 시기이기도 했다. 그렇기에 선생님께선 수공구에 의한 기본적인 교육을 집중적으로 해주셨다.

요즘도 서울에서 공방을 운영하는 분들의 문제점 중에서 가장 부담이 되는 것이라면 바로 고급목공 장비들이다. 장비를 선택하고 들여놓을 때만 해도 기분에 들떠서 시작을 하게 되지만 얼마 못가서 장비 때문에 하나둘 문제가 발생하기 시작한다.

소위 장비라는 것은 기업체의 인력과도 같다. 절박하게 꼭 필요한 시점에 들여놓고 운영을 하는 것이 바람직한데 초기에서부터 자금의 압박을 받아가면서 고급 장비를 들이게 되면 문제점들이 나타나기 마련이다.

선생님께서는 기계나 연장에 욕심을 두지 마라. 차라리 손 기술을 익혀서 그 기술로 다른 장비와 연장을 운영하는 것이 현명한 방법이라고 일러 주셨다. 수십 년이 지났지만, 지금에 와서 생각해 봐도 틀림이 없는 진리와도 같은 말들을 현대인들은 잘 들으려 하지 않는다. 장비가 모든 것을 다 알아서 해준다는 의식이 높아졌기 때문이다. 현재 교육을 하고 있는 사람으로서 그동안에 선생님께서 강조하셨던 태도가 현대사회에서도 얼마나 중요한지를 실감하고 있다. 지금도 눈에 펼쳐진 선생님의 공구함이 선하다. 나무 궤짝으로 만들어진 낡은 연장 궤짝이 다시금 보고 싶다. 하지만 내 인생의 은사님은 먼 곳에 계셔서 만날 수가 없다. 스승님께서는 2009년 10월27일(음 9. 20.) 불의의 교통사고로 운명을 달리하셨기 때문이다. 요즘은 기일 전에 일정을 맞추어 스승님의 묘소를 참배하는 것으로 스승님과의 묵언의 대화를 나눌 뿐이다.

근래에 스승님의 가족분들과의 만남에서 새로운 소식을 전해 듣게 되었다. 현재 교육사업을 하고 있는 나에게 스승님의 유품을 전달하겠다는 의사를 알려 왔다. 참으로 눈물이 날 정도로 감사하고 고마운 일이다. 스승님의 뜻을 받들어 후학에 도움이 되고 사회를 위해 선한 영향력을 발휘하라는 스승님의 계시가 함께하는 그런 사명을 얻게 되는 순간이다.

5장

목수의 달력에는
붉은 색이 없다

1

쉴 틈 없이 달려온 세월

개나리가 노랗게 봉우리를 맺을 때면 그때부터 현장에서는 일 년 공사가 시작된다. 겨울엔 추위와 여름철엔 더위와 싸우고 길에서 나뒹구는 낙엽으로 세월을 깨달으며 살아왔다. 이젠 본격적으로 새봄의 신축 현장이 가동되는 것이다. 목수라는 직업으로 반세기를 살아오면서 자식도 한 세대를 가리키는 30살 아들이 옆에 있고, 딸아이도 27살이나 되었으니 내가 살아온 길을 되짚어본다.

'나는 얼마나 바르게 살아온 걸까. 내게 남은 인생의 과제는 무엇일까.'

인간에게는 오복이 있다고 한다. 옛 선조들이 만들어놓은 오복이라 함은 수壽, 부富, 강녕康寧, 유호덕攸好德, 고종명考終命을 말한다. 이런 복잡한 용어들은 격을 따지는 사대부들이나 쓰는 고상한 용어처럼 보인다. 하지만 내게는 서민들 생활 속에서 쉽게 접할 수 있는 통속적인 오복을 기준으로 보면 마음이 더 편안해질 것 같다. 처복, 자식복, 돈복, 건강복, 명예복 등은 현대 생활방식에 맞게 변한 것으로 보이지만 실속 있는 내용은 모두 들어 있는 셈이다.

지금의 상황에서 일복은 충분히 넘쳐나게 받았고, 처복, 자식복, 건강복, 명예복, 돈복 모두 다 내 인생을 돕기 위해 찾아와주었다. 다 적당히 내 인생의 동반자로서 행운이 있었다. 위의 오복 중에서는 불만도 없고 더 바라는 것도 없다. 그중에서도 으뜸을 꼽으라 하면 처복은 나에게 가장 혜택을 많이 준 복 중에 복이다.

처복이 가져다 준 든든한 배경으로 부단히 달려온 인생역정에 대해서 이야기하고자 한다. 1988년 4월에 결혼을 했고, 아들, 딸 두 아이를 두고 지금까지 장거리 마라톤 주자로 달려왔다. 오로지 일에 미쳐서 날아다니는 사람처럼 살아온 세월이었다. 지금 돌아봐도 엄청난 일들을 처리하고 살아왔다. 이렇게 쉴 틈 없이 살아온 세월을 돌아보며 전혀 후회나 회한이 없다.

오로지 자신을 위해서, 가정을 위해서 살아온 세월이 전부였다. 이제 와서 보니 흰머리와 주름진 얼굴에 그나마 건강한 몸 하나가 전부인데 그저 나만 좋아서 했던 일들을 쫓아서 달리고 또 달려온 것이다. 그렇게 단련된 정신과 신체에서 뿜어내는 에너지는 그칠 줄 몰랐다. 일에 대한 어려움을 누구에게도 하소연한 적이 없다. 필요한 공부를 찾아서 했고, 일과 관련해서 지식이 필요하면 지방 어디라도 찾아가 궁금한 것을 알아야 직성이 풀렸다.

그렇게 만들어진 스펙과 국가기술자격증 같은 결과물이 지금 내 옆

운영하고 있는 목공기술학원생과 함께

이젠 남은 인생은 하나하나 풀어서 후학을 위해서

교육하고 경험한 기록을 책으로 펴낼 계획이다.

그리고 무엇보다도 모든 과정에

함께한 아내와 가족에게 감사하다.

에서 자리를 빛내고 있다. 이러한 과정을 마치기까지는 아내의 헌신적인 희생의 뒷받침이 있었기에 가능했다. 아내가 가정을 잘 보살피고 알뜰한 살림을 해주었기에 해낼 수 있었다. 때로는 지방에서 보내는 현장 생활도 있었고, 업무로 외국에 나가 일할 때도 있었다. 장가를 잘 가는 것은 인생의 반은 성공을 한 거나 다름없다. 흔히 그 고마움을 당연한 것으로 아는 사람도 있는 것 같은데 어느 주변이나 결혼으로 인생이 송두리째 흔들리는 경우가 얼마나 흔한가를 생각하면 도무지 가당찮은 일이다.

아내가 나를 처음 만났을 때 내 직업에 별 관심이 없었다. 내가 결혼할 때만 해도 목수 일이 일반적으로 크게 호감 있는 직업으로 알지도 않았고 나 역시 목수 일이 맞고 좋아서 천직으로 여겼을 뿐 딱히 알아줄 직업이라고는 생각하지 않았다. 그런데도 아내가 내 직업에 별 관심을 안 가졌던 것은 아예 이쪽의 직업세계에 대해서 아는 바도 없어서 그렇다고 봐야 한다. "그저 성실하면 그만이지" 이런 생각이었던 것이다.

나는 복을 많이 받은 사람이다. 그리고 행운도 많은 사람 중에 한 명이다. 오복을 모두 받고 아직도 현업에서 누구한테도 뒤지지 않는 일꾼으로 활발하게 일하고 있으니 얼마나 복이 많은 남자인가? 굳이 아쉽다면 돈복이 걸리기는 하지만 사회생활을 하면서 돈은 돈대로 제 나름 순리가 있다는 것을 경험했던 터라 크게 개의치 않는다.

지금 세대들은 직업을 따지고 돈도 있어야 하고 학벌도 따진다. 그러고 보니 목수 일을 하는 데도 학벌이 필요할 때가 있다. 고졸검정고시에 합격한 해가 1984년이다. 그때까지는 학벌을 거론하면서 살 일이 전혀 없었고 아내도 오로지 일하는 남자와 결혼을 했던 것뿐이었다. 대학 학위는 결혼 후 25년 차쯤이었으니 불과 지금부터 6년 전에 건축공학사를 취득했다. 대내외적으로 활동하려니 이 자격증은 내게는 크나큰 힘이 되었다. 어떤 조직에서 활동하려면 그에 필요한 기본적인 자기 실력이 따라야 한다.

늦깎이 공부에 힘이 되어준 사람은 다름 아닌 아내다. 그렇다고 아내가 따로 경제활동을 한 것도 아니었다. 아내는 결혼 전에는 평화시장에서 억센 남정네들과 같이 짐도 꾸리고 새벽에도 일하다가 나와 결혼하고는 평범한 전업주부로 바뀌었을 뿐이다. 다만 남편이 적게 벌어온 것을 금쪽같이 알고 살림해줬기 때문에 아무 걱정 없이 나가서 일할 수 있었고 공부도 할 수 있었다.

2010년도에는 실내장식대회에서 금메달을 취득을 하고 전국대회출전권을 따내는 기회도 얻게 되었다. 그런데 바쁜 일정에 연습이 부족해서 결과는 원하는 대로 되지 않았다. 재차 도전했지만 역시 이번에도 결과는 기대 밖이었다. 이후 수년이 흘렀고 마침 울산 제50회 전국기능경기대회에 심사위원으로 위촉되어 심사를 맡게 되는 기회가 있었다. 대회에서 연배가 많으신 분들이 여러 명 참가한 것을 보고 그동안 망설였던 나도 서서히 발동이 걸리기 시작했다.

그곳에서 함께 심사에 참여했던 사람들이 한 번 더 전국대회에 도전하라는 권유에 전국기능경기대회에 참여하게 되었다. 전국대회에 미련이 남아 있던 터라 언젠가는 졸업을 해야지 마음속으로만 생각했던 것을 아내의 적극적인 성원에 2016년도 10월에야 전국대회 입상하는 성과를 거둬 아직도 녹슬지 않은 실력을 보여줄 수 있었고 가슴속에 있던 오랜 숙제도 내려놓을 수 있었다.

이러한 자격증과 수료증, 학위증들이 사회활동하는 데 큰 힘이 되어주었다. 어떠한 일을 추진을 하더라도 걸림돌이 없이 순조롭게 풀어나가는데 결정적인 역할을 해준 것들이 바로 자격증 효과라고 해도 과언이 아니다. 외부 강의를 가더라도 평소에 스펙관리를 어떻게 했느냐는 매우 중요하다.

그렇다고 자격증만 많으면 모두가 알아주는 시대도 아니다. 스펙에 맞는 실력도 겸비해야만 먹히는 세상이 되었기에 사회생활을 하면서 수많은 종류의 자격증을 취득하고 그 자격증에 관한 연구도 많이 했다. 이 시대를 달려가기 위해서는 연관된 자격증을 취득하라고 권한다. 자격증에도 연관이 많아서 건축 분야뿐만 아니라 IT분야 역시 공부하다 보면 상호 좀 더 깊이 있는 지식을 얻게 되는 경우를 지난 세월에 여러 번 경험했다.

지금까지 쉴 틈 없이 달려온 세월을 뒤로 한 채 계속 달려갈 일만 남았다. 남은 세월이 우리 앞에 기다리고 있을 뿐 흘러간 시간은 보상받지 못한다. 할 일도 많고, 배울 것도 많다. 그동안은 너무도 많은 일에 매달려왔으니 이젠 남은 인생은 하나하나 풀어서 후학을 위해서 교육하고 경험한 기록을 책으로 펴낼 계획이다. 지금도 이 책을 준비하면서 기본학습을 꾸준히 하는 것도 최종의 목적은 내 이름으로 된 전문서적을 만들고자 하는 생각이 강하게 자리 잡고 있기 때문이다. 이 분야의 선배이자 현장전문가로서 후학들에게 조금이나마 의미 있는 정보를 전달할 것을 거듭 다짐한다.

2

장가가기 힘들었던 직업 목수

    가난한 시골의 환경과 뚜렷한 직업 없이 결혼이란 단어는 생각조차
도 어려운 실정이었다. 기술도 배워야 했고, 공부하면서 돈도 벌어야만
했던 그런 시점이 내겐 검정고시학원을 다니던 때였다. 영등포역 앞에
는 유명한 검정고시학원이 검정고시의 대명사처럼 자리 잡고 있다. 그
학원에서 중졸 학력과 고졸 학력까지도 마쳤다.

    내 나이 24살 때다. 그때는 야간학원을 다니면서도 힘든 줄 모르고
열정적으로 공부에 집중하던 시절이었다. 그 시절에 많은 사람을 알게
되었고 지금도 그때의 인연으로 가까이 지내는 사람도 있다. 검정고시
를 준비하면서도 창피하거나 공부 못한 부끄러움 따위는 아랑곳하지
않았다. 그저 재미있게 했을 뿐이다. 학원을 다닌다는 것이 어지간한
끈기로는 어려운 일이다. 낮에는 직장생활을 하면서 야간에 학원을 다
녀야 하니 체력적으로나 정신적으로 부담이 많이 되기 때문이다.

유난히도 수학을 잘하던 나였기에 공부에 대한 흥미도 높았고 특히 수학 과목에 어려움을 겪는 여학생들 사이에서 많은 인기도 있었다. 지금 생각하면 아련한 추억으로 남아 있는 그런 이름들이 몇몇 떠오른다. 함께 도서관을 자주 다니던 기호, 문수 형, 준호 그리고 여학생 중에선 류선희가 떠오른다. 그 외에도 많은 사람들의 이름이 가물가물 떠오르진 않지만 꽤 많은 친구들과 한때 재미있는 시절을 보냈다.

그 당시엔 영등포시장 맞은편에 복사 전문점이 있었다. 2층에 위치한 복사점에 자주 갔었는데 근무하는 여직원에게 호감을 갖게 되었다. 통통한 체격에 단발머리 그리고 얌전한 말투에 항상 친절함이 몸에 배어 있었다. 나에게는 사춘기라는 단어는 기억 속에도 없다. 환경도 그러했거니와 그런 여유와 낭만을 느낄 만한 형편이 되질 않았기 때문이다. 그래서인지 복사점 아가씨와 자주 만나는 기회가 있었지만 별 내색도 못하고 그저 추억의 한 페이지로 영등포의 학원거리를 떠나게 되었다. 그렇지만 그 여직원 때문에 이성을 바라보는 하나의 기준은 세워진 셈이다. 얼굴은 넓적하고 단발머리에 체격도 통통한 편이라는 거다. 만일 용기라도 있었다면 요즘 하는 표현으로 고백이라도 했을 텐데 그 시절 내 처지에선 상상하기 어려운 일이었다.

그렇게 학원을 마치고 다른 친구들은 대학진학이니 하면서 입시학원을 찾아서 서로 다른 방향으로 길을 찾아 뿔뿔이 헤어졌다. 그 시절엔 전화기도 없던 때라서 지금까지도 연락이 두절된 친구들이 대부분이다. 그런데 유일하게도 한 명이 지금도 내 주변에 가깝게 지내고 있다. 그 친구도 수학을 잘했고, 그때 사귀던 여자 친구와 결혼해 행복한 가정을 꾸리고 있다.

나는 어느덧 20대 후반에 접어들면서 시골의 부모님들한테서 결혼하라는 압박에 몰리기 시작했다. 선을 보거나 소개로 만나는 여성들은 한결같이 내 직업에 대해서 문제를 삼았다. 학원에서 수학 문제풀이로 많은 여학생들과 가깝게 지냈지만 지금 생각해보니 내 직업에 대해서는 냉담하게 생각했던 것 아닌가 싶다. 그렇듯 목수는 먹고 살기 힘든 직업군에 들어 있었다. 그래도 여태껏 천직으로 알고 남들 의식 안 하고 살아왔는데 푸대접 받는 내 직업이라니 가슴 시리기도 했다.

그러던 어느 날 기능동우회의 치악산 산행이 있는 날이었다. 기능동우회는 1981년 대전전국기능경기대회에 출전한 비슷한 연배끼리 모임을 만들어서 지금까지도 관계를 유지하는 그런 작은 친목단체이다. 그 모임에서 1987년도 즈음인가 가을등산을 준비하면서 광고 업무를 하는 김주엽 친구 사무실에 근무하는 여직원이 친구를 데리고 온다는 것이었다.

그때만 해도 이성에 대해서 별 감정도 없었고 관심도 없었다. 그런데 치악산 산행을 마치고부터 이성에 대해서 조금씩 변화가 일기 시작했다. 함께 왔던 친구는 다름이 아닌 지금의 아내이다. 처음에는 서로 아무런 관심도 없었다. 그러다가 어느 시점에선가부터 서로 관심이 싹트기 시작했다. 외모는 전에 학원 다닐 때 복사점에서 관심 있게 봐왔던 그 여직원의 외모와 비슷했다. 이게 정말 인연이라는 걸까?

학원 다닐 때 잘나가던 그 시절에는 여학생들이 그렇게 많았어도 눈에도 안 들어 왔는데 이 사람이 눈에 들어오기 시작할 줄이야! 사춘기도 모르고 청춘을 보냈던 사람 앞에 나타난 그녀가 지금의 아내가 될 줄 꿈에도 몰랐다. 그렇게 2년 정도 사귀고 지금의 단란한 가정을

가족과 제주도 여행에서.
장가가기 힘들었던 직업 목수인 나에게 시집온 아내는 헌신적으로
검소하게 살림을 일구었고, 세상을 살아가고 이기는 데 함께한
동반자였다. 항상 감사하고 고맙게 생각한다.

만드는 데 성공했다.

그렇게 짧은 인연으로 만난 그녀는 헌신적으로 검소하게 살림 잘하고 아이들 뒷바라지도 딱 부러지게 해줘서 지금 행복한 가정을 일구어 줬다. 처가는 충남의 서천이고, 아내는 같이 살면서 유방암으로 고생도 많이 했다.

지금은 힘든 항암 치료와 방사선 치료도 모두 마치고 즐거운 마음으로 건강관리를 하고 있다. 한때는 철지난 모자를 쓰고 다니는 사람들을 보면서 이상하게 봤었는데 막상 내 가족이 이런 일을 당하고 나니 그 사람들의 입장을 몰라줬던 나 자신이 서운했다.

나는 시골에서 사는 동안 바다를 본 적이 없다. 바다는 다른 나라라고 생각했을 정도로 생선이라고는 조부모 생신이거나 집안의 잔칫날이 있는 경우가 아니고서는 구경조차 어려운 생활이었다. 처갓집이 서천에서도 바닷가 쪽에 위치하고 있어서 생선과 해물을 자주 먹게 되었다.

결혼을 한 지도 벌써 30년이 넘었다. 두 아이를 잘 키워주고 힘든 직업 가진 남편 돌보랴 결혼 초부터 지금까지도 고생스런 생활이 계속되지만 그래도 불평 한 마디 없이 꿋꿋하게 행복한 가정 만들기에 여념이 없다. 이토록 장가가기 힘든 직업이 바로 목수라는 일을 하는 사람들의 직업이었다. 세상은 많이 변해서 지금은 어깨를 펴고 다닐 정도의 직업으로 거듭나고 있다. 세상 문물이 아무리 발달해도 집을 짓고 내부공사를 하는 일은 반드시 사람의 손이 필요하기 때문이다.

앞으로 4차 산업혁명 주기를 벗어나 5차의 시대가 온다고 해도 변치 않을 직업군이 바로 건설현장에서 종사하는 업종이 될 것이라고 믿는다. 요즘은 목수가 되겠다는 젊은 사람들이 많은 걸 보면 기술만이 이 시대를 살아가는 데 보탬이 되었다고 해도 과언은 아닐 듯하다.

나는 복이 많은 사람이라 지금껏 살아오면서 좋은 인연도 많고 시대적으로도 기회가 많이 생겼다. 내 의지와는 상관없이 남의 도움도 많이 받고 살아왔으니 세상을 살아가는 데에는 독불장군은 없다는 말을 참 실감나게 느끼는 사람 중에 한 명이다.

지금도 아내가 있기에 내가 존재한다고 생각하며 오늘도 편안히 사회생활하면서 행복한 가정을 꾸려나가고 있다. 언젠가는 아들이 고등학교 재학 중 초대받았던 두란노 아버지학교에서 아버지 공부도 했다. 그때 아이들과 아내에게 편지를 쓴 내용이 있어서 소개하고자 한다. 지금도 집의 벽에 걸어놓은 "아내가 사랑스러운 20가지"를 올려본다.

항상 밝고 건강하게 웃어주는 당신이 사랑스럽습니다.
음식을 맛있게 해주는 아내가 사랑스럽고,
내 건강보다 남편의 건강을 끔찍이 생각하는 아내가 사랑스럽습니다.
남편의 몫까지 자녀를 위해 헌신한 아내가 사랑스럽고,
엄격한 남편의 성격을 이해해주었던 아내가 사랑스럽습니다.
일에 묻혀 사는 아버지를 대신해 아이들 교육에 정성을 다해주었고,
친정 일보다 본가의 일에 마음을 더 써주어서 정말 고맙습니다.
글씨를 예쁘게 쓰는 모습이 아이들에게 귀감이 되어 주었고,
음식을 만들 때 조미료 없는 건강 식단을 항상 준비해주어서 고맙습니다.

싸구려 옷을 입어도 옷맵시가 나고,

내가 힘들어 보이면 쉬면서 하라는 아내의 충고에 감사합니다.

식사 후에는 과일이나 한 잔의 차로 대화의 시간을 준비하며,

주방의 주변이나 냉장고 정리정돈이 깔끔한 아내가 사랑스럽습니다.

라면 및 인스턴트식품을 거부해주었고,

청국장과 된장찌개를 맛있게 준비하는 아내가 사랑스럽습니다.

운전을 잘해 대리운전을 해줄 때 정말 고마웠고,

아이들에게 바른 길로 가도록 인도해준 아내가 사랑스럽습니다.

쇼핑센터나 세일 상품으로 알뜰살림을 해주었고,

적은 비용으로 큰 효과를 내주는 지혜로운 아내가 사랑스럽습니다.

너그러운 마음씨로 지역봉사 활동에 참여하는 모습이 사랑스럽습니다.

마지막으로 항상 건강하고 성실, 봉사, 사랑, 감사하는 마음으로

변함없이 사랑하는 아이들의 지주가 되어주길 원합니다.

3

내 몸과 건강함에 감사하다

아침에 일어나서 세수하려면 집 앞 개울가에서 얼음을 깨고 흐르는 물로 세수를 했다. 방에 들어서기 전에 문고리를 잡으면 쩍하고 달라붙었다. 시골의 겨우살이는 손이 트면서 시작해 새봄이 오기를 손꼽아 기다렸다. 윗방에 놓은 요강이 얼어붙고, 윗목에 놓은 걸레가 아침이면 동태처럼 굳어 있다. 시골의 방은 두 칸으로 나뉘어져 있고 안방에서 아버지, 어머니, 그리고 육남매가 나란히 한 방에서 잠을 잤다. 아궁이에 불을 지펴도 윗방은 추워서 잠을 잘 수가 없다. 방바닥이 사람 체온의 덕을 볼 지경이었다.

그래서 윗방에는 고구마둥지를 멍석과 밀대방석으로 둥그렇게 만들고 겨우내 비상식량으로 먹을 고구마를 저장하는 둥지를 만들어 다음해 봄까지 지냈다. 텃밭에서 지은 김장거리로 겨우내 먹을 김치를 담그고 남은 배추와 무를 텃밭에 구덩이를 파고 묻어놓았다. 어릴 때 해마다 빠짐없이 하는 일이었다. 뒤껍에는 항아리 속에는 가을에 저장해놓은 감이 홍시가 되어 언 채로 보관이 되어 있어서 군것질거리가 없는 시골에선 덧없이 좋은 간식거리였다. 그때는 전기가 없었으니 냉장고 같은 건 알 바도 없었지만 감을 넣어놓은 항아리는 현대식 냉장고보다도 성능이 좋았다.

드라마에서 봄직한 모습들이 어린 시절의 시골에서는 평범한 일상이었다. 천장에는 쥐가 달리기 경주라도 하듯이 이리저리로 뛰어다녔다. 그러다가 잠잠해졌다 싶더니 다시 두 마리가 뛰기 시작했다. 천장은 도배지가 두껍게 발라져 있어서 마음놓고 달리기를 했다. 잠시 조용해지나 했더니 쥐들이 오줌을 싸놓고 어디론가 사라졌다. 이렇게 천장의 구석구석에는 세계지도를 겹겹이 그려놓았다.

이런 정도의 비위생적인 환경에서도 우리 형제 육남매는 건강하게 잘 자라게 되었다. 두툼한 벽에는 빈대잡으로 핏자국이 벌겋게 그림처럼 펼쳐져 있었다. 입고 있던 내복의 바느질 자리에도 이와 서캐이의 알로 허옇게 자리 잡고 있었다. 초등학교 시절엔 앞자리의 친구머리와 등짝에서 이가 스물스물 기어다니는 풍경을 종종 보게 되어도 놀랄 일도 아니었다.

이런 것들이 부끄럽지도 않은 것은 너 나 할 것 없이 사정이 비슷했기 때문이다. 겨울철에는 손톱검사와 내복을 벗고 몸에 때가 있는지를 검사하는 용의검사라는 걸 했지만 여름철은 그나마 다행이었다. 앞 냇가에서 멱을 감고 물장구도 치고 했으니 때 검사에 걸리지는 않았기 때문이다.

논에 김매기를 나갔다가 아버지가 뜸부기 집을 발견하고 알을 네 개나 구워주어서 맛있게 먹었던 기억도 있고 개울가 모래밭에서 종달새 알을 본 것도 시골에서 살면서 아주 오래 전의 얘기가 되었다.

시골의 농사일은 이모작_{일 년에 벼농사와 보리농사를 번갈아 함}을 했었다. 보리농사는 타작할 때가 가장 하기 싫은 일거리이다. 벼베기 철이 다가오면 메뚜기 잡이가 한창이다. 토실토실한 메뚜기를 잡아서 모깃불에 구워먹던 시절을 생각만 해도 군침이 돈다. 또 텃논엔 감자와 마늘을 심는다. 마늘쫑을 구워먹고 감자 이삭을 주워다가 간장에 졸이면 도시락 반찬으로 제격이다.

이 정도의 먹거리가 있다는 것은 우리 집의 살림살이가 많이 나아진 거라고 본다. 아버지가 광산에 나가면서 살림살이가 많이 폈다. 사실 시골의 농사채가 별로 없는데다가 마을 부잣집의 머슴과도 같이 일을 하던 아버지가 홍성군 청태산 광산에 3교대로 나가면서부터 형편이 조금 풀려 동생들도 중학교 진학이 가능해졌다.

초등학교를 졸업하고 청양의 청소년직업학교에 입학할 무렵에 동네에 전기가 들어오기 시작했다. 그러니까 13년 동안 전기 없이 살아온 것이다. 마을길 옆에 군데군데 전봇대가 눕혀져 있었고 이것들을 하나하나 구덩이를 파고 묻더니 어느 날부터 동네에 전기가 들어온 것이다. 등잔불 밑에서 바느질 하던 어머니의 가슴이 후련했을 것이다.

그런데 시골의 환경이라는 것이 녹녹치가 않아서 안방과 윗방 사이 벽에 네모난 구멍을 뚫어 형광등을 걸어 반씩 나누어서 등 하나로 방두 개를 동시에 밝히는 기발한 아이디어가 온 동네에 퍼지게 되었다. 등잔불 밑에서 생활하던 시골의 환경이 드디어 문화생활로 바뀌는 시점이다. 전기를 처음으로 보게 되는 시절이었다.

이렇게 시골에서 온갖 고된 일을 하면서 먹거리는 자연식과 제철음식이 전부였다. 봄에는 작으나마 텃밭에서 푸성귀가 있었고, 여름, 가을에도 철마다 채소들이 있어서 보리밥에 고추장만 먹던 시절보다는 조금 나아진 상태였다. 그래도 쌀밥 먹기 어려운 것은 매한가지였다.

설 명절이 가까워지면 아버지는 지게에 흰쌀밥을 지고서 방앗간으로 가셨다. 아버지의 뒤를 따르노라면 코를 즐겁게 해주는 쌀밥 내음이 아직도 아련하다. 아버지의 지게에 시루가 얹어지고 이불로 감싸서 식지 않게 하려고 했다.

방앗간에서 가래떡을 뽑아서 대바구니에 담아서 말랑말랑할 때 먹으면 꿀맛이었다. 겨우내 비상식량이 되기도 하는 가래떡은 조청에 찍어먹으면 더없이 그만이었다. 그러니 명절을 기다리지 않을 수 있었겠는가. 배고픈 시절에 제대로 못 먹고 굶주린 사람이 누구 못지않게 건강한 정신과 건강한 신체로 사회활동을 잘하고 있으니 참으로 감사하다.

하루에 걷는 걸음이 일만 이천 보에 달한다. 거리로는 8km 정도다. 하루 종일 선 채로 하는 일들이 대부분이기 때문이다. 어떤 달은 하루도 쉴 틈도 없이 일을 하던 때가 있었으니 이런 다부진 체력은 부모님께서 물려주신 특별한 선물이라고 본다. 요즘은 백 세 시대니 남은 생애에도 일할 기회가 많이 남아있다. 우리들처럼 배운 것 없이 노동으로 살아가는 사람들은 건강이 재산이다. 머리로 하는 직업보다 몸으로 하는 직업이다 보니 건강이야말로 더없이 중요하다.

신체의 건강함도 오복 중에서 강건복이라 했던가! 내 다리는 강철다리이다. 유년 시절부터 걷기를 많이 했던 탓도 있다. 하지만 유년 시절부터 하도 배를 곯아서 내 몸에서 소화기관이 가장 먼저 탈이 생길 거라는 생각도 했었다. 그런데 지금도 위장은 건재하다. 하루에 두 끼로 살아가던 때는 속을 비워둔 날이 더 많았으니 오죽하겠는가! 그나마 밥 먹는 시간대와 먹는 양이 불규칙적이어서 더더욱 걱정을 했었다.

오히려 생각보다 시력이 약해져서 걱정일 뿐이다. 시력도 젊은 시절엔 좋았었는데 40대 후반부터 노안이 오기 시작하더니 회복할 기미가 보이질 않는다. 시력은 아무리 의학이 발달하고 의술이 뛰어나도 나이를 거꾸로 먹지 않는 한 더 좋아질 리 없으니 어쩔 수 없다. 내 나이쯤이면 고지혈증, 고혈압, 당뇨, 등 병치레를 하는 이들이 많다. 여태까지 건강상태는 이렇다 할 문제가 없었으니 같은 나이의 연배에 비하면 건강하게 타고난 복도 부모님께 감사드릴 내용 중에 하나다.

초등학교 다니던 시절 어차피 못 먹을 형편이라 어쩔 수 없었던지 배고픔에 대한 인내심은 대단히 강했다. 고구마와 옥수수 등으로 끼니를 대신할 때가 많았고, 보리밥에 고추장 비벼서 먹던 때도 많았다. 초등학교 다닐 때 걸어서 5km 정도 걷는 것은 어려운 일은 아니었다. 비봉에서 청양 읍내까지도 걸어서 다닌 적이 여러 번 있었다.

무엇보다 다리가 튼튼한 것은 타고난 체질이 근본 바탕이 되기 때문에 육체노동을 하는 직업인으로서 장점이 크다. 건설 현장이나 인테리어 현장에서 체력은 절대적으로 중요하다. 나는 어린 시절부터 몸으로 하는 일을 해왔기에 지금의 체력유지에 많은 도움이 되었다.

몇 년 전에는 무릎수술을 받은 적이 있다. 기능장 시험을 마치고 망

가진 무릎을 입원해서 치료하느라 보름 간 병원 신세를 지게 되었다. 시험 준비하면서 현치도 작업을 하느라 무릎의 뼈가 일부 파손이 되어 부득이하게 입원 치료를 받게 된 것이다. 기능장 시험은 뼈를 다칠 만큼 연습을 요구하는 그런 시험이다. 업무 때문에 생긴 손상으로 치료를 받기는 했어도 아직 선천적으로 병력이 있거나 다른 질병으로 병원 신세를 지게 되는 경우는 없으니 다행이다.

이렇게 건강한 신체는 유전적으로 타고난 것도 있지만 시골의 환경과 부모님들이 챙겨주신 것도 한 요인이기도 하다. 농사일이 적은 관계로 배불리 먹을 것은 없었지만 직접 농사지은 곡식에다 손수 만들어 주신 유기농 음식을 먹고 자랐기 때문에 아직도 나이에 비해서 왕성하게 활동을 하고 있다. 몸무게도 큰 변화가 없이 꾸준히 유지되고 있다.

나는 체력관리를 위해서 특별히 하는 운동도 없다. 일 자체가 운동이자 활동량이 되기도 한다. 흔히들 일과 운동은 다르다고 한다. 그렇지만 수십 년 동안 한 업종에 종사하면서 나름 근육도 발달했고 현장 업무에도 전혀 지장이 없다.

4

일을 겁내지 말자

일에 대해서는 겁이 없다. 일을 겁내면 일이 나를 깔보게 되니까 미리 일에 대해서 기선제압을 할 필요가 있다. 일을 앞에 놓고는 날씨와 계절에 관계없이 추운 날은 추운 대로 삼복 더위에도 염분 보충을 위해 각 소금을 먹어가면서 아랑곳하지 않았다. 일이 힘들다고 판단하면 생각지도 않던 사고도 발생하고, 그 일을 마무리 짓는 과정에서 생산성도 떨어질 뿐만 아니라 같은 일을 하면서도 힘이 더 든다. 이런 상황을 어렵다고 피해가고, 회피한다고 해결되지 않는다.

겨울에는 동절기라서 내부공사를 진행하고, 여름철 장마 기간 역시 내부공사로 방향을 틀어서 쉴 틈도 없이 작업에 임한다. 봄, 가을은 날씨가 좋아서 일하기에도 좋은 계절이다. 봄철의 작업 시기는 설 명절 기간이 지나면 곧바로 신축공사와 인테리어 현장이 작업준비로 분주하게 돌아간다. 이 시기가 바로 현장의 일 년 공사 시기의 시발점이 되

전흥수 대목장님과 최기영 대목장님과 함께.
목수 일이란 항상 위험에 노출되어 있고 어려운 일이 항상
눈 앞에 있다. 피해갈 수 없는 상황에 직면할 때 겁내지 말고
부딪쳐라. 까다롭고 난이도 높은 작업을 꺼려하지 않은 사람일수록
고급기술을 보유하게 되고 결국은 한단계 성장하게 된다.

며 동절기에 사전준비와 계획을 모두 세우고 작업에 착수한다.

인테리어 작업 현장은 의자가 있을 수 있는 상황이 아니다. 그런데 수강생 대부분이 하체가 부실해서 잠시 서서하는 실습과정도 못 견디고 바로 의자에 털썩 주저앉는 사람이 많다. 대부분 IT분야이거나 컴퓨터 관련 업종에 종사하던 사람들이라 당연히 의자생활이 기본이기 때문이기도 하다. 하지만 현장은 다르다. 의자란 찾아볼 수도 없는 환경이다 보니 걱정된다. 그래서 이론 교육시간에는 체력이 부진한데 고된 노동을 어떻게 버텨낼지 체력관리에 대한 내용도 알려주기도 한다. 주로 머리로 하는 직업군에 종사했던 분들이 전업한다면 어떻게 적응할지 더 걱정된다. 쾌적한 사무실에서 컴퓨터 업무가 몸에 배인 사람일수록 종일 서서 하는 일에 견디기 어렵다는 건 사실이니 체력은 중요한 일이 아닐 수 없다. 현장생활은 그다지 녹녹하지가 않다. 신체 중에서도 하체의 부담은 어쩔 수 없는 일이라 어떻게든 강화하고 극복하지 않으면 안 된다.

낯선 길을 지나다가 강아지를 보아도 겁을 내면 쫓아오는 것과 같이 눈을 부릅뜨고 바라보면 오히려 겁먹고 달아난다. 시골에서 겪는 일로 수탉을 생각하게 한다. 남의 동네를 지나가려면 간혹 수탉의 공격을 받을 때가 있다. 이런 상황도 슬기롭게 헤쳐 나가든지 돌멩이라도 들고 위협을 하든가 해야지, 도망가면 닭이 더 빨리 공격해 온다.

목수 일에도 현장 여건에 따라서 쉬운 일도 있고, 어려운 일도 종종 만나게 되지만 결코 피해갈 상황은 하나도 없다. 여태 경험한 것으로는 어려운 일에서 지혜와 슬기를 더 배우는 경우가 많았다. 까다롭고 난이도 높은 작업을 꺼려하지 않은 사람일수록 더 고급의 기술을 보유하고 있다는 얘기는 당연한 이치다.

내가 서울에서 처음 공장생활을 하면서 야간작업을 일주일이면 네 번 이상 했다. 그 덕에 고생을 더 많이 했지만 경험도 더 많이 쌓을 수 있었다. 나는 가족들도 모르는 내 몸에 숨겨진 사실이 있다. 누구에게도 밝히지 않았던 몸의 상처 그리고 가슴속에도 상처가 된 중요한 사건이 있었다.

열다섯 살 때 지금으로 말하면 장애등급 1~2급 정도인 치명적인 사건이 있었다. 대팻날을 연마하고 물기를 대팻밥으로 닦는 과정에 벌어진 일이다. 지금은 화장지나 수건이 주변에 흔하게 접할 수 있는 형편이지만 예전에는 대팻밥으로 닦는 것이 상례화되었던 것이다. 내일 현장에 문짝달기 작업에 준비과정으로 날물을 갈고 닦는 과정에 대팻날을 왼쪽 발등에 떨어트렸다. 아찔한 순간 왼쪽 발등에 있는 인대가 끊어져버렸다. 다리의 뒤꿈치에는 아킬레스건이 있듯이 앞쪽엔 엄지 발가락 방향으로 있는 가장 큰 인대가 절단이 되는 부상을 입었다. 그때는 이런 중대한 안전사고를 당하고도 내가 죄인인 양 말도 못하고 눈치를 봐야 하는 상황이었다.

다리를 절뚝이면서 걷는데도 겁이 잔뜩 나서 이 일을 누구에게 말을 해야 하나 망설이고 있는데 공장장님이 와서 사장님께 연락을 취해 택시를 타고 그 당시 영등포구 대림동 삼거리에 있는 누가의원에 갔다. 인대를 겹치게 묶어서 봉합수술을 마쳐 지금까지도 걸음걸이에 이상이 없을 정도라 아무 일 없던 것처럼 평온하게 잘 살아가고 있다.

그때 근무하던 목공소의 사장님은 많은 부와 명예도 얻는 그 지역의 유지로 살아가고 있었다. 건물을 새로 짓고 공장도 옮기고 나머지 층은 세를 내줄 정도로 번창한 사업가로 변신을 했을 정도다. 하지만 나는 공장생활을 하면서도 내가 기술을 습득했으니 고맙다는 마음이 컸을 뿐 어떤 보상을 바랄 생각 같은 건 전혀 들지 않았다.

위의 상황처럼 목수 일이 매일 위험에 처하는 것은 아니다. 일찌감치 안전수칙을 몸에 잘 익혀두면 목수 일이야말로 재미있고 매력이 있는 그런 직업군에 들어간다. 현장일이 대부분 그러하듯이 어려움과 안전에 대한 불안감은 언제나 노출되어 있다. 하지만 긍정적인 생각과 하고자 하는 자세만 된다면 어떠한 일이라도 헤쳐 나갈 수 있다.

현장일은 어디를 가더라도 똑같은 곳은 없다. 작업을 매듭짓고 나면 언제나 새롭고 신비로울 정도의 성취감과 자부심도 계속해서 늘어만 가는 점도 매력 있는 일이다. 이런 생각을 몸에 담고 생활하면 우리 앞에 일이란 결코 힘이 들거나 어렵다는 단어는 멀리 떨쳐버릴 수 있는 긍정의 에너지가 발끝에서 뇌에까지 잘 전파가 될 것으로 믿는다.

직업에 따라서 시각이 다르다

미용을 하는 사람은 지나가는 사람이나 만나는 사람을 보게 되면 머리부터 보게 된다. 구두나 신발업계에 종사하는 사람은 남의 발끝에 시선을 보낸다. 의류업계의 사람들은 다른 사람의 옷에 시선을 둔다. 이렇듯 직업에 따라서 보는 시각이 다르고 생각하는 것들이 다를 수밖에 없다.

목수의 시선은 어디에 둘까? 거리를 지나가면서도 건물의 형태에서 구조와 시공방법까지 관심을 갖게 된다. 저 건물은 콘크리트 구조에 층당 면적은 어느 정도이며, 연면적은 어느 정도라는 나름대로 개략적인 계산도 해본다. 그렇게 하면 건물을 짓는 데 소요된 금액도 대략 산출할 수 있다.

우리나라의 건축방식은 현재 서울 시내 한복판은 고밀도 지역으로, 역세권이나 중심가의 건물들은 각기 다른 형태로 초고층 건물이 경쟁적으로 즐비하게 들어섰다. 내가 처음으로 서울의 을지로를 지나던 때가 1975년으로 기억한다. 외장재는 주로 타일 마감이 대부분이었고 건물도 그리 높지만은 않은 웬만한 소도시의 형태로 보였는데 그래도 지금의 초고층 빌딩보다도 더 인상 깊게 남아있다. 그런 현상들은 시대별로 건축법이 있었기에 법에 따라서 예전에는 그 정도의 건폐율과 용적율이 적용되었기 때문이다. 아마 외국의 여행지에서 차창 밖이나 주변풍경을 하나라도 놓치지 않으려고 하듯이 건물층수를 세면서 올려다보던 때가 벌써 오래전 일이다.

그런데 요즘은 건축형태가 워낙 발전을 거듭해 어지간히 높은 초고층 빌딩을 보아도 그저 덤덤하게 받아들인다. 이렇게 사회구조가 고밀도화 대형화되면서 사람들이 건축에 대한 인식도 변해가기 때문이다. 인간생활의 기본인 의衣, 식食, 주住 중에서도 스케일이 가장 큰 것이 바로 주거공간과 업무공간으로 볼 수 있는데 주택보급이 가장 큰 사회문제가 되었다. 지금은 주택보급률이 많이 좋아지긴 했지만 아직도 집 없이 살아가는 사람이 꽤 많다. 나 역시도 그 집 없는 사람 중에 한 사람에 들어간다.

그동안 내 집 한 칸 마련하지 못하고 아직도 남의 집에 관련된 일을 하고 있다. 그렇지만 미련이 없는 건 언제든지 마음만 먹으면 내가 원하는 집을 내 손으로 뚝딱 지을 수 있기 때문이다. 교육시간에도 종종 이런 표현을 한 적이 있다. 집짓기는 나에게는 어려운 일이 아니니까 고민거리가 아니다. 집을 짓고 사는 사람들끼리 하는 얘기 중에서 십년감수十年減壽라는 말이 오래전부터 전해지는 대명사이다. 집을 지으면서 온갖 마음고생을 했기 때문에 집에 입주하기 전부터 상처로 얼룩져 있기 때문이다.

내가 내 집짓기를 가볍게 생각하는 데에는 특별한 이유가 있다. 왜냐하면 나는 집을 지을 수 있는 모든 기술을 가지고 있으니까 언제라도 현업에서 은퇴를 결심하면 맘먹은 대로 온 가족이 만족할 만한 집을 그림처럼 지을 수 있으니까! 집을 짓는다는 것 이것은 사람이 평생 살아가면서 한 번 정도는 생각하고 실천에 옮기는 이도 있는가 하면 꿈만 꾸다가 결국은 꿈은 꿈으로 남긴 채 이루지 못하는 이들이 대다수이다.

시골에 어머님 집을 지어드린 해가 IMF시기인 약 20여 년 전의 일이다. 공사를 진행하면서 설계도 내 손으로 했고 시공도 직접 했으니 온전히 내 집을 짓는 일이라는 게 내게는 군이 새삼스러운 일이 아니다. 그 후로도 건축현장에서 인테리어까지 병행하면서 많은 집을 지었다. 유명 인사들의 집도 지었고, 연예인에서 일반인, 교육자 등 여러 채의 집을 지었다.

직업에 따라서 목수가 바라보는 세상은 과연 어떨까? 그토록 많은 남의 집을 지으면서도 내 집에 대한 회한이나 그리움도 그다지 없었다. 언제든지 목표만 세운다면 가능한 일이기에 걱정이 없었다. 다른 분들에 내게 묻는 질문 중에서 어떤 집을 지을 거냐고 물을 때가 있다. 그럼 나는 당연히 명품주택을 지을 거라고 말한다. 좋은 목수가 되려면 내 인생2막을 위해서, 노후를 위해서 내 손으로 직접 지을 집은 과연 어떤 집일까? 자신에게 늘 이런 질문을 하고 있어야 한다.

건축주들이 대부분 집을 짓고 나서 마음의 병이 생겼다는 일화가 많다. 업자를 잘못 만나서, 목수를 잘못 만나서 등등 이유도 갖가지다. 내가 시공했던 집의 건축주들은 아직도 연락을 하고 지낸다고 말하면 목수가 제 자랑이라고 한다. 양심적으로 일했고, 부끄러움 없이 최선을 다했기에 그 말을 이렇게 당당하게 글로 옮기고 있다.

내 집 짓기란 모든 이들이 평생에 한 번 정도 실행에 옮겨보는 행위일 수도 있다. 그럴수록 애틋함과 절박함이 서려 있기에 최선을 다해야 한다고 생각한다. 목수가 보는 눈이 일반인들과 다르다면 단순하게 보는 것이 아니라 좀 더 구체적인 안목으로 바라본다는 거다.

집을 지을 때 시작은 대부분 설계사무실에서 들러서 원하는 면적과 가족 구성원 건축비용 안주인의 동선과 취향 등을 고려해 설계에 반영한다. 이런 모든 요구 사항을 토대로 도면에 레이아웃이 잘 표현되면 훌륭한 건축설계자의 작품이 되겠지만 경험 없는 목수가 봐도 만족도가 낮은 디자이너의 도면도 간혹 만나게 된다.

예전엔 목수가 건축의 수주에서부터 설계, 시공, 감리 입주 전까지 모든 공정을 도맡아 했으며 재료의 선별과 마름질을 해 모든 준비에서부터 완공까지 도맡아했었으니 현 시대의 건축가이며 디자이너인 것이다.

그런데 요즘엔 직종별로 세분화되어 있어서 과거 목수의 권위보다 많이 낮아진 상태이다. 조선시대에는 정3품의 벼슬까지 주었던 제도가 있었는데 조선 후기부터 없어졌다고 한다. 목수의 명칭도 요즘은 목수木手, 목장木匠이라 불리우고 있지만 시대별로 다르다.

오늘날에는 목수木手라고 하지만 통일신라시대에는 목척木尺이라고도 했고, 고려시대에는 목업木業이라는 호칭으로 불렀다고 한다. 조선시대에는 사농공상土農工商이라 해 사대부士大夫, 농부農夫, 공장工匠, 상인商人의 순으로 사회적인 신분을 구분했으니 목수라는 신분이 어땠는지 알 만하다.

목수가 세상을 보는 물리적인 시각은 어떠할까. 목수의 눈은 잣대나 다름없어서 웬만한 큰 치수는 눈으로 읽고도 실제에 가깝게 짚어낸다. 예를 들어 길 건너에 있는 건물의 창을 가로 세로 폭을 알려달라고 하면 거의 오차 없이 불러줄 수 있다. 이건 항상 자와 도면이 몸에 떨어질 새 없이 일하다 보니 저절로 몸에 배인 능력 아닌 능력이 되었다.

우리나라는 목조건축 문화로 이어온 전통이 언제부터인가 아파트 공화국으로 변해버린 것이 오늘의 현실이다. 콘크리트 박스로 된 아파트 과연 아파트의 전성시대는 언제까지 존재하게 될까? 요즘은 지자체가 활성화되어 있어서 한옥 보급에 지원을 아끼지 않는 지방이 여러 곳 있다. 그런 행정 상황을 수도권에서도 벤치마킹하는 사례도 있다.

목수인 나는 그 상황을 우려스럽게 보고 있다. 과거 전통한옥의 평균수명을 생각해보자. 오래된 고택의 경우 3~400년의 내력을 자랑하고 있으니 세대수로 10번 이상 이어가고 있지 않은가! 그 집에 얽힌 사연을 스토리텔링으로 풀어내면 고택의 풍미가 정감 있게 다가온다. 지방 곳곳에 자리 잡은 고택의 입지와, 구조를 들으면 모호하게 알았던 전통 건축을 한꺼번에 정리할 수 있다.

나는 앞으로도 많은 집을 짓게 될 것이다. 건축주의 삶을 담는 그런 집을 지을 것이다. 눈으로만 바라보는 집이 아니라 마음속으로 바라볼 그런 집을 지을 것이다. 내 삶을 담는 그런 집을 가슴속에 그리고 있다.

마치는 글

'아, 드디어 책 한 권을 썼구나.'

나도 모르게 한숨을 쉰다.

지금 이순간이 가장 행복한 시간이다.

평생 대패만 잡고 살아온 목수가 글을 쓰려니 보통 어려운 일인가.

또 막상 써놓고 보니 보잘것없는 이야기를 무슨 훈장이라도 되는 것
처럼 늘어놓았다는 생각도 들었다.

그런데 어쩌겠는가.

시련이 시련인 줄 모르고 애를 쓰고 살기는 했지만 실제 내 인생 어
디에도 화려하거나 멋진 삶이랄 게 없다. 그렇다고 해서 무슨 혜안이
라도 있어 인생을 멀리 내다보고 지혜롭게 산 것도 아니고 오로지 일
터에서 수십 년 세월을 보냈을 뿐이다.

사람은 누구나 자기가 살아온 삶은 치열했고 고생이 많았다고 생각
한다.

오늘 부정적인 일로 핑계 삼으면 내일도 다른 핑곗거리가 생기기 마

런이다.

비록 서툴고 거친 글이지만 이 과정도 성장하는 것이라고 믿고 애써 낱낱이 쓰고자 했다.

누가 자수성가한 사람 아니랄까 봐 글 곳곳에 목소리도 크고 억센 주장도 많이 보인다.

그래도 배운 것 없이 일찌감치 혼자 살아가느라 모질게 버티고 살아야만 했던 탓이라 여기고 넉넉한 눈으로 봐주시길 바란다.

어쩌다 평생 처음 책을 내느라 제 허물도 모르고 글을 썼다. 그런데도 쓰다 보니 앞으로 목공 전문서적으로 펴내야 할 책이 한둘이 아니라는 줄도 깨달았고 더 쓸 용기도 생겼다.

부족하지만 내가 목수로 먼저 걸어본 길이 그 어느 누구에겐가 에너지가 되고, 꿈이 되고 희망의 불씨가 되기를 바란다. 다시 한 번 나를 이 자리에 있게 해주신 부모 형제와 우리 가족, 그리고 사회활동을 하면서 응원을 해준 많은 분들에게 깊이 머리 숙여 감사의 인사를 올린다.